KB095615

100일을 디자인하라

100일을 디자인하라

지금 시작해도 늦지 않다!
기적의 목표 달성 프로젝트

나가타 히데토모 지음
이지현 옮김

유엑스리뷰

들어가며

'시간이 없어서 하고 싶은 일을 못 한다.'

'심기일전해서 뭔가를 시작해도 늘 작심삼일로 끝난다.'

'뒤로 미루기만 하고 허송세월한다.'

당신은 이와 같은 고민으로 이 책을 선택했을 것이다. 많은 사람이 신년을 앞두고 '올해야말로 기필코 업무 능력을 향상시키고 말겠다', '돈을 이만큼 모으고 싶다' 등 새로운 목표를 세운다. 그러나 바쁜 일상에 치이거나 회사 업무로 동분서주하느라 정작 자신을 위한 시간을 확보하지 못한 채 목표를 미루거나 관두기 일쑤다. '어디 한번 해 보자'라며 마음을 먹었을 때는 하루를 마무리할 시간이라 지쳐 잠들기 십상이다. 이런 나날의 반복으로 어느샌가 세웠던 목표조차 기억의 저편으로 사라지는 경우도 많을 것이다.

이렇게 자신이 하고 싶은 일을 행동으로 옮기지 못하고, 하루하루를 아쉽게 흘려보내는 현실을 어떻게 해결할 수 있을까? 특별한 재능이나 기술 또는 큰 희생을 치르더라도 이루고 싶은 강인한 의지와 각오가 없는 사람은 큰 목표를 달성하기 어려운 것일까?

내가 생각하는 이런 고민에 대한 해답은 매우 간단하다. 웬만한 목표는 '100일' 실행 계획을 통해서 달성할 수 있다. 이 책은 내가 공적으로나 사적으로 겪었던 다양한 경험 속에서 발견한 '100일 디자인'이라는 목표 달성 방법을 소개한다.

'100일 디자인'의 위력을 깨닫게 된 이유

늦었지만 여기서 내 소개를 하겠다. 나는 대학교 졸업 후, 1년 반 동안 근무했던 생명보험회사를 과감히 때려치우고 당시 최연소로 시 의회 의원 선거에 입후보했다. 그리고 당선의 꿈을 이루었다. 이후 중의원 선거에 두 번이나 출마했고, 전략 컨설턴트로 변신을 꾀하여 여러 회사에서 컨설팅 업무를 맡았다. 지금은 외국계 스타트업의 임원으로 근무하면서 대학 객원 교수이자 집필가로 활동하고 있다.

어느 날, 나는 걸어 온 인생길을 되돌아보게 되었다. 그리고 목표를 달성했던 때는 시간이 충분하기보다는 오히려 부족하거나 짧다고 느껴졌던 경우, 즉 100일 정도밖에 확보하지 못했던 때라는 사실을 깨달았다. 예를 들어 시 의회 의원에 당선되었을 때, 사실 나에게 주어진 선거 활동 기간은 1월 연초부터 4월 하순까지 약 100일 남짓이었다. 정치가에서 컨설턴트로 전향하여 컨설팅 관련 기초 지식과 스킬을 익힌 것도 초기 3개월간의 집중 학습 기간이었다.

어떻게 단기간에 시의원에 당선되고 컨설턴트로서 기초 지식을 습득할 수 있었을까? 나는 곰곰이 생각한 끝에 목표 달성을 위해서는 적정 기간을 정하고, 그 기간 내에 효율적으로 집중하는 게 중요하다는 사실을 알아냈다. 또한 설정 기간은 너무 짧지도 너무 길지도 않은 '100일' 정도가 가장 효율적이라는 결론을 과거의 경험을 통해서 도출할 수 있었다.

이후 나는 100일 만에 성과를 내기 위한 나만의 방법론을 구축했다. 바로 '100일 디자인'이라는 개념이다. 이는 회사 업무뿐만 아니라 개인적인 학습 및 취미에도 효과적이라는 사실을 깨달았다.

이 책은 목표 달성에 어려움을 겪고 있는 사람을 위해서 내가 지금까지 구축해 온 '100일 디자인'의 방법론을 구체적으로 형태화한 것이다. 1장에서는 왜 우리가 목표를 달성하지 못하고 실패하는 경우가 많은지, 왜 100일 디자인이라면 효율적으로 목표를 달성할 수 있는지 그 이유에 대해서 설명한다. 2장에서는 과학적인 관점에서 100일 디자인이 왜 유효한지 그 근거를 살펴본다. 3장에서는 100일 디자인의 기초 지식에 대해서 자세히 설명한다. 4장과 5장은 100일 디자인의 실전편으로 '계획 기간'과 '실행 기간'의 각 단계에서 해야 할 구체적인 노력과 행동에 대해서 소개한다.

왜 지금 당장 '100일 디자인'이 필요한가

자신의 인생을 스스로 디자인해 나가는 것이 나날이 중요해지고 있다. 그 이유 중 하나로 우리에게 주어진 시간이 이전보다 길어진 것을 꼽을 수 있다. 린다 그랜튼Lynda Gratton, 앤드루 스콧Andrew Scott의 저서 《100세 인생》이라는 베스트셀러를 보면 인간의 평균 수명은 '100세'로 길어졌다. 이에 따라 10대, 20대에 습득한 지식이나 기술만으로는 길어진 인생을 물리적·정신적으로 풍요롭게 지내기 어려워졌다.

최근에는 사회의 변화 속도도 더욱 가속화되고 있다. 인공 지능AI과 정보 기술IT에 따른 라이프&워크 스타일의 변화가 '코로나바이러스 감염증19COVID-19'이라는 재앙으로 더욱 급격하게 바뀌고 있다. 그렇기에 우리는 이런 변화에 대응하기 위해서 지속적인 자기 변혁을 꾀해야지만 살아남을 수 있게 되었다. 즉 우리는 삶의 무대와 사회의 급속한 변화를 의식하면서 바쁜 일상 속에서 항상 자기 자신을 업데이트해 나가야 한다.

이와 같은 상황에서 이 책이 소개하는 '100일 디자인'은 높은 유효성을 발휘한다. 100일마다 목표 달성을 꾸준히 이루는 '승리 사이클'을 구축함으로써 시대 변화에 신속하게 대응할 수 있다. 또한 항상 새로운 일에 도전할 수 있다. 이 책이 당신이 꿈꾸는 다양한 목표를 달성하는 길을 안내하는 나침반이 될 수 있다면 그보다 더한 기쁨은 없을 것이다.

나가타 히데토모(長田英知)

차례

1장.

왜 100일 디자인인가

100일 만에 목표를 달성하는 습관을 갖게 된 이유

목표 달성까지 100일. 이는 성공을 향한 최단 시간이다.
그렇게 확신하게 된 계기에 관한 이야기를 소개한다.

목표 달성까지 1만 시간은 필요 없다

이 책은 당신이 업무나 개인적인 목표를 100일 만에 달성할 수 있도록 도와준다. 이 책을 집어 든 사람 중에는 아마도 '어떻게 100일 만에 목표를 달성할 수 있어?'라며 의아해하거나 회의적으로 생각하는 사람도 많을 것이다.

학습과 관련해서 잘 알려진 '1만 시간의 법칙'이라는 것이 있다. 이 법칙은 뭔가를 습득해서 전문가가 되려면 1만 시간의 연습이 필요하다는 주장이다. 실제로 1만 시간을 연습하려면 매일 8시간씩 열중해도 약 3년 반이라는 시간이 걸린다. 어떤 기술을 습득하고 목표를 달성하는 데 이렇게 오랜 시간을 투자해야 한다고 생각하면 시작하기도 전에 맥이 탁 풀려 버린다.

그러나 실제로 적당한 목표를 세우고 적당한 계획을 짜서 적당한 방법으로 도전하면 1만 시간이 아니라 100일 만에 목표를 달성할 수 있다. 지금까지 하지 못할 거라고 생각했던 많은 일을 100일이라는 짧은 기간 안에 달성할 수 있는 것이다. 이 책에서는 '100일을 어떻게 보내면 목표를 달성할 수 있는지'에 대한 다양한 요령을 소개한다. 요령 중에는 당신이 시도했던 목표 달성 방법과 크게 다른 것도 꽤 나올 것이다. 이런 요령이 왜 중요한지, 얼마나 효과적인지 나의 경험에 비추어 최대한 알기 쉽게 설명했다.

돌이켜보면 100일 만에 성공한 적이 많았다

지금까지 살아온 인생을 되돌아봤을 때 나는 100일을 기준으로 목표를 세우고 성공했던 경험이 참 많다. 이 책을 쓰게 된 계기이기도 하다. 여기서는 그런 나의 경험을 몇 가지 소개하겠다.

나는 만 24세에 1년 반 정도 근무하던 회사를 관두고, 사이타마현(埼玉県) 혼조시(本庄市)의 시 의회 의원 선거에 입후보했다. 사실 혼조시는 근무했던 지사의 담당 영업 지역이었던 것 외에 아무런 연고도 없는 곳이었다. 뜻밖의 계기로 급하게 선거에 출마하기로 결심했기에 나는 1998년 12월에 혼조시로 서둘러 이사했다. 이듬해 4월인 선거일까지 정치 및 선거 활동을 하는 데 주어진 기간은 불과 100일 남짓이었다.

심지어 선거 활동을 시작했을 때 혼조시에 사는 지인이라고는 열 명도 채 되지 않았다. 나는 시 의회 입후보를 앞두고 당시 민주당의 공천을 받았다. 하지만 혼조시 시내에 민주당원은 거의 없는 상태였고, 노동조합이나 자치 단체의 지원도 전혀 받을 수가 없었다.

게다가 취직 후 1년 반 만에 퇴사했기에 모아 둔 돈도 거의 없었다. 친척이나 지인 중에 정치가는 전무한 터라 정치 활동이니 선거 활동이니 하는 것은 들어본 적도, 해 본 적도 없었다. 그야말로 '맨땅에 헤딩'하는 수준으로 입후보한 셈이었다. 이제 와 돌이켜보면 무모하기 짝이 없는 도전이었다.

그렇게 돈도 없고 시간도 없는 와중에 나는 '일단 할 수 있는 한 많은 사람들과 만나자'라는 선택지를 집어 들었다. 주중에 매일 새벽 6시부터 아침 8시 반까지 지하철역 앞에 나가서 사람들에게 인사했다. 점심부터 저녁까지 마을을 돌면서 집집마다 방문하여 인사를 나누는 나날의 반복이었다. 도중에 이런저런 우여곡절도 참 많았다. 하지만 최종적으로 자치 단체와 노동조합을 포함한 여러 사람들이 지지해 준 덕분에 입후보자 23명 중 8위로 당선의 꿈을 이루었다. 당시 '상당히 짧은 기간이었는데 당선되다니 놀랍다'라는 말을 많이 들었는데 돌이켜보면 이보다 더 긴 기간이었다면 금전적으로나 정신적으로나 버티기 어려웠을 것이다. 100일이라는 정해진 기간이었기에 그만큼 당선을 향한 의지를 불태우며 노력할 수 있었던 것이다.

3개월 만에 성과를 올렸던 컨설턴트 시절

그 이후 국회의원 선거에 두 번이나 출마했지만 낙방했다. 나는 정치가의 길을 접고 전략 컨설턴트로 변신했다. 그리고 기획한 다양한 프로젝트를 통해서 이 책의 주제인 '100일 디자인'에 관한 중요한 깨달음을 얻었다.

당시 우리 팀이 제공했던 서비스는 육체적으로도 고된 작업이었다. 이는 컨설팅업계에서 주류를 이뤘던 사업 전략 책정을 돕는 일이 아니었다. 3개월이라는 짧은 기간 내에 사업 통합을 진행하거나 통합 후의 시너지 효과를 끌어내거나 특정 부분의 운용 비용을 대폭 삭감하는 일이었다. 서로 다른 사업 전략과 운용 방식, 기업 문화를 지닌 두 회사를 3개월 만에 합병시키거나 대폭적인 비용 삭감을 실현하는 작업은 상식적으로 무모한 일이었다. 실제로 3개월 만에 고객을 만족시킬 만한 성과를 내야 한다는 압박감은 상당했다. 그렇지만 누가 봐도 짧은 3개월이라는 기간을 설정함으로써 지엽적인 부분에 얽매이지 않고 본질적인 부분을 맞추는 데 집중할 수 있었고 결과적으로 목적을 잘 달성할 수 있었다.

기업 인수 합병M&A이나 사업 통합은 통상 6개월에서 1년 이상의 시간이 걸린다. 시간이 길어질수록 그 과정에서 다양한 부서 및 조직 간의 분쟁과 문제점이 발생한다. 하지만 프로젝트 기간을 3개월로 설정하면 큰 목표를 위해서 각 부서는 작은 차이를 조정한다. 그리고 의사 결정을 빠르게 내릴 수 있도록 서로 협력한다. 그래서 짧은 기간을 설정하고 합병을 진행하는 편이 오히려 의견이 잘 모인다. 합병 이후에 사업 운영도 수월하게 잘 돌아가는 경우가 많다.

이후에도 나는 다양한 기업의 컨설팅 작업에 참여했다. 기본적으로 3개월, 100일 단위로 프로젝트 기간을 설정하고 그 기간 안에 실행 프로세스를 명확하게 이론화하여 많은 성과를 올렸다. 그리고 입사 3년 차에 프로젝트 성과를 인정받아 사장님께 상장을 받는 등 크게 성장했다. 또한 다른 여러 기업에서 컨설턴트로 근무하기도 했다. 이때는 컨설턴트로서의 활동 범위를 넓혀서 인프라 수출부터 관광 전략까지 새로운 서비스 영역에 도전했다. 새로운 영역에 도전할 때마다 역시 100일 만에 그 분야를 빠르게 파악했다. 프로젝트도 100일 단위로 나누어 단기간 내에 일정한 성과를 올렸다. 이와 동시에 나는 여러 권의 책을 출판하는 등 전문가로 평가받는 반열에 오르게 되었다.

100일 단위로 설정했기에 잘 풀린다

지금까지 살면서 나는 여러 번 처음부터 다시 시작해야 하는 '제로 리셋'을 경험했다. 오랜 시간을 투자해서 어렵게 쌓아 올린 경력이 '제로'가 될 때마다 항상 새로운 영역에 도전하면서 '뭐라도 되자'라는 마음가짐으로 죽을힘을 다해서 노력했다. 단기간에 상황을 파악하고 고객이 원하는 것 이상의 가치를 창조하는 경험을 쌓으면서 어떤 목표를 세우고 달성하기 위한 필요 최소한의 기간은 3개월이라는 중요한 사실을 깨달았다.

또한 3개월 만에 목표를 달성하기 위한 방법론을 확립하고 업무에 활용해 나가면서 비즈니스 측면만이 아니라 개인적인 목표 달성에도 응용할 수 있겠다는 생각에 이르렀다. 대개 개인적인 목표는 비즈니스 목표와 달리 설령 달성하지 못하더라도 연봉이 깎이거나 생활에 지장을 초래하는 일은 생기지 않는다. 그래서 우리는 개인적인 목표를 달성할 때 자신에게 관대하거나 '언젠가 하겠지', '언제든지 할 수 있다'고 생각하기 십상이다. 그 결과 목표 달성을 위한 행동에 나서지 못하고 뒤로 미루기만 하다가 허송세월하고 만다.

개인적인 목표 달성에서도 적정 기간을 설정하는 것이 중요하다. 실제로 나는 와인 공부와 내 집 마련 등의 목표를 세우고, 이 방법론을 응용해서 100일 이내에 목표 달성을 이루었다.

비즈니스 세계에서 검증된 100일 단위의 목표 설정

'100일 단위로 목표를 설정하고 달성한다'는 방법은 이미 다양한 분야에서 채택하여 사용하고 있다. 예를 들어, 기업의 영업 부문은 일반적으로 연간·월간 수치 목표와 함께 사분기별 목표 및 달성량을 설정한다.

또한 최근에 주목받고 있는 목표 설정 관리 기법으로 '목표 및 핵심 결과Objectives and Key Results'라는 것이 있다. 조직의 이념과 사업 목표를 기반으로 부서, 팀, 개인 단위의 목표Objective를 정하고, 달성 조건을 수치로 표시한 핵심 결과Key Result를 설정하는 방법이다. 영어 단어의 앞 글자를 따서 'OKR'이라고 부른다. OKR 방법을 도입하고 있는 대표적인 기업 중 하나가 바로 구글Google이다. 구글은 회사 전체를 대상으로 사분기에 한 번씩 회의를 열고 평가한다. 사분기=3개월=약 100일을 하나의 사이클로 운영하고 있는 것이다.

업무를 프로젝트로 진행하는 분야에서는 100일 단위로 관리하는 것이 훨씬 더 일반적이고 보편화되어 있다. 전략 컨설턴트가 관여하는 사업 전략 책정이나 실적 개선 등의 프로젝트는 대개 3개월 단위로 진행한다. 1년 이상의 장기 프로젝트도 실행 단계를 3개월 단위로 나누어 추진하는 것이 일반적이다.

또한 인수 합병으로 기업을 통합한 후에는 100일 이내에 어떤 작업을 수행하고 어떤 기업이 되고 싶은지를 정의하는 '100일 플랜'

을 세운다. 이를 통해 단기간에 성과를 낼 것을 약속함으로써 시장에 대한 기대감을 조성하고, 직원이 회사를 신뢰하며, 미래를 회사와 함께 만들어 갈 수 있는 시스템을 구축하는 것이다.

이뿐만이 아니다. 내가 컨설턴트로 근무했던 IBM 비즈니스 컨설팅 서비스는 3개월 만에 기업을 통합시키는 서비스를 지원하고 제공했다. IBM은 과거 개인용 컴퓨터 사업을 중국 업체인 레노버Lenovo에 매각할 당시 불과 100일 만에 사업 양도를 마쳤다. 이때의 경험을 살려서 기업 통합에 필요한 최소한의 프로세스를 체계화했다. 3개월 만에 통합할 수 있는 시스템을 만들어 낸 것이다.

목표를 꾸준히 달성하는 사람의 의외의 공통점은?

목표를 달성하는 사람의 유형은 다양하나 공통점이 있다.
성공한 사람들의 공통점을 파헤쳐 보자.

새로운 전환점을 맞이했다는 의식을 갖는다

자, 드디어 본론인 100일 만에 목표를 달성하기 위한 '100일 디자인 방법'에 대해서 소개하겠다. '살을 빼자', '시험에 합격하자', '돈을 모으자' 등 이 책을 선택한 당신은 현재 어떤 목표를 달성하려고 노력하고 있거나 아니면 앞으로 어떤 목표를 세우려는 단계에 있을 것이다. 어쩌면 이미 여러 목표를 좇고 있거나 신년을 앞두고 이번에야말로 꼭 이루겠다며 의지를 불태우고 있는 사람도 있을 것이다.

우리는 목표를 세울 때 크든 작든 현재의 자신에게 만족하지 못하고 새로운 자신이 되겠다고 생각한다. 목표를 세우고자 할 때 우리는 새롭게 다시 태어나기 위한 '전환점'을 맞이한다고 할 수 있다. 이 '전환점을 맞이하는 상황'을 인식하고, 목표를 달성하는 사람은 인생의 새로운 무대로 나아갈 수 있다.

연 수입과 목표 달성의 의식은 비례한다

목표 달성과 인생 만족도 사이의 관계를 보여 주는 조사가 있다. 2016년 말, 일본의 '시라베에(しらべぇ)'라는 뉴스 사이트에서 20~60대의 일본인 남녀 136명을 대상으로 '매년 신년에 다짐했던 포부를 연말까지 기억하고 있습니까?'라는 설문 조사를 시행했다. 그 결과 신년에 다짐했던 포부를 기억하는 사람은 불과 전체의 13.6퍼센트밖에 되지 않는다는 사실이 밝혀졌다. 우리는 신년을 맞이해서 새로운 포부를 다짐할 때 강한 의지를 드러낸다. 그런데 시간이 지나면서 대부분 1년 전에 세우거나 다짐했던 포부와 목표를 기억하지 못하는 상황이 벌어지고 만다. 그렇다면 이와 반대로 신년에 다짐했던 포부를 연말까지 기억하고 있는 사람은 어떤 사람일까? 이와 관련해서 흥미로운 결과가 나왔다.

신년에 다짐했던 포부를 기억하는 사람의 비율을 연 수입에 따라서 집계해 보았다. 그 결과, 연 수입 300만 엔 미만에서 신년에 다짐했던 포부를 기억하는 사람은 10퍼센트도 채 되지 않았다. 연봉

500~700만 엔 미만, 700~1,000만 엔 이상에서는 각각 20퍼센트 정도가 '신년에 다짐했던 포부를 기억하고 있다'라고 대답했다. 이는 상당한 차이다.

또한 주식회사 오프토(オプト)가 2015년 실시한 설문 조사에서 목표 달성률과 개인의 속성 사이에 흥미로운 상관관계가 나타났다. 이는 20~69세의 일본인 남녀 1,000명을 대상으로 한 것이다. '목표를 세우고 80퍼센트 이상 달성했다'고 응답한 비율이 경영인·임원·관리직(11퍼센트), 개인 연봉 800만 엔 이상(11퍼센트), 자신에게 '만족'하는 사람(10퍼센트), 생활수준이 '최상'인 사람(10퍼센트) 등 물리적·정신적으로 풍요로운 사람들에게 높게 나타났다.

이처럼 신년에 세웠던 목표를 잊지 않고 달성시키는 것과 자신의 인생에 대한 물리적·정신적인 만족도 사이에 상관관계가 존재한다는 사실을 알 수 있다. 연 수입이나 사회적 지위가 높기 때문에 목표 달성이 수월한 것이 아니냐는 반론도 있을 것이다. 그러나 물리적·정신적으로 풍요로운 사람일수록 낮은 목표에 만족하지 않고, 더 높은 목표를 세우고 달성하려고 노력하기 때문이 아닐까?

표 1-1. '신년의 포부'를 기억하는 사람의 비율과 연 수입의 관계

■ 매년 '신년의 포부'를 연말까지 기억하고 있습니까?

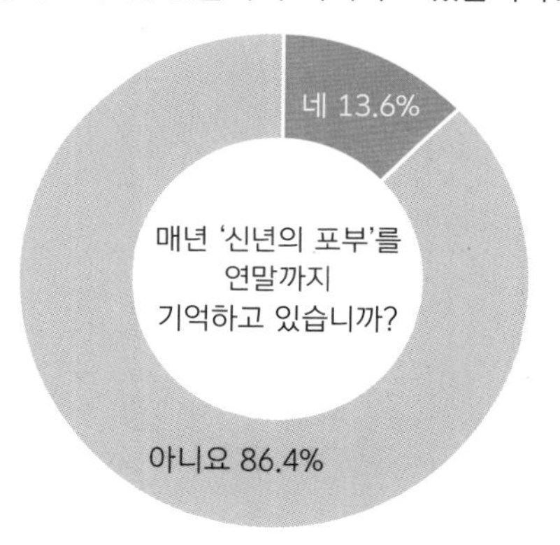

(20~60대 일본인 남녀 1,365명을 조사)

■ 연 수입 별로 살펴본 '신년에 다짐했던 포부를 기억하는 사람'의 비율

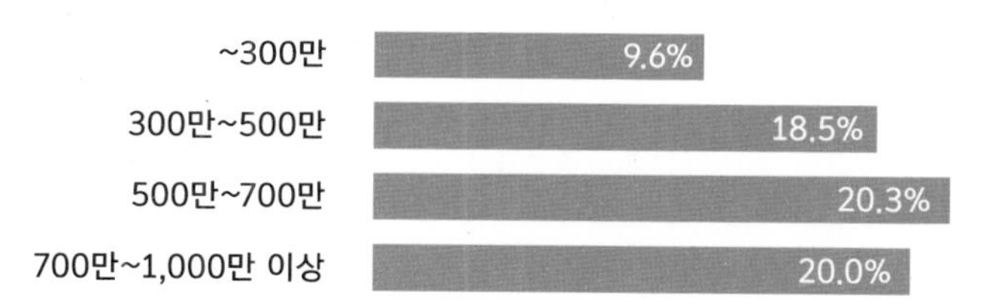

(조사 대상에서 상기 항목에 대답한 1,207명을 발췌)

출처) 시라베에 '신년에 다짐했던 포부를 90퍼센트가 연말에 잊어버린다, 의미 없는 습관의 의심도' 2017년 1월 3일

표 1-2. 목표 달성률과 개인 속성 사이의 관계

■ 목표를 세우고 80퍼센트 이상 달성한 사람

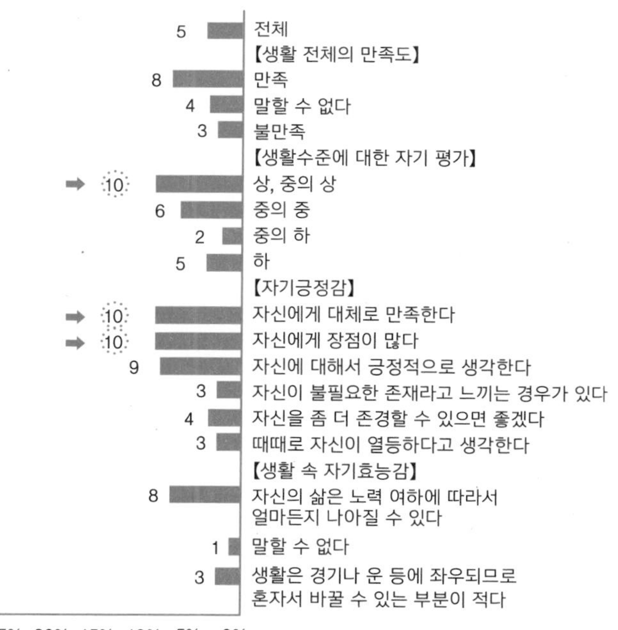

출처) 오프토 '오프토, 올해 목표에 관한 조사를 실시' 2015년 1월 19일

목표 달성은 인생 만족도를 높인다

그렇다면 목표를 달성하는 사람들 중에 인생에 대한 만족도가 높거나 연 수입, 사회적 지위가 높은 사람이 많은 이유는 무엇일까? 목표를 하나씩 달성해 나가는 것은 자기긍정감과 자기효능감(자기효력감)을 높인다. 그리고 이는 더 높은 목표를 달성하는 원동력이 되는 선순환을 만든다.

'자기긍정감'이란 자신의 모습이나 존재, 가치를 긍정적이고 적극적으로 받아들이는 감정을 가리킨다. 예를 들어 어떤 과제를 수행할 때 곤란한 상황에 처하더라도 자신의 가능성을 믿고 '나는 할 수 있어!'라는 확신을 가질 수 있는 것을 말한다. 자기긍정감이나 자기효능감은 목표 달성을 위한 노력과 행동을 지지하는 정신적인 토대가 된다.

목표를 세우고 달성해 나가는 과정에서 설령 힘든 일이 발생하더라도 '나는 끝까지 해낼 수 있다'는 자신에 대한 신뢰가 있다면 좌절하지 않고 끝까지 노력할 수 있다. 그 결과 목표를 달성할 확률도 높아진다. 그리고 목표를 달성하면 그에 따른 만족감이 자기긍정감과 자기효능감을 더욱 높이는 선순환을 낳는다. 자기긍정감과 자기효능감이 높은 사람은 사회가 급변하는 시기에도 긍정적으로 행동할 수 있다.

이처럼 '목표 설정→목표 달성'의 축적은 인생의 성공과 자신에 대한 만족감을 가져다주는 원동력이 된다. 목표를 달성하는 방법을 배우고 익히는 것은 단순히 눈앞의 목표를 달성하는 데 그치지 않고 훗날 당신의 미래에 행복을 선사해 줄 것이다.

우리는 왜 목표를 달성하지 못하는가?

목표를 달성하고자 할 때 해서는 안 되는 금기사항이 있다.
목표를 달성하지 못하는 네 가지 이유를 소개한다.

당신이 목표를 달성하지 못하는 네 가지 이유

목표 달성 방법을 이해하려면 자신이 언제 목표 달성에 실패했는지를 곰곰이 따져보는 것이 효과적이다. 이를 통해 나는 목표 달성에 실패했을 때 나타나는 공통된 네 가지의 패턴을 발견했다.

1. 자신의 현재 상황을 파악하지 못한다.
2. 자신에게 맞지 않는 방법을 고수한다.
3. 마지막 날에 목표가 완료되도록 스케줄을 짠다.
4. 목표 달성까지 기간이 너무 길다.

자신의 현재 상황을 파악하지 못한다

목표를 달성하지 못하는 첫 번째 이유로 '목표를 달성하려는 자신의 현재 상황을 정확하게 파악하지 못한다'를 들 수 있다. 이에 관한 나의 실패 사례를 소개하겠다.

나는 대학 입학 후, 골프 동아리에 가입했다. 그리고 첫 번째 목표로 '100타 깨기(破百)'를 세웠다. 일반적으로 골프에 입문한 초보자의 첫 번째 목표는 1라운드 18홀을 100타 이내로 도는 것이다. 1라운드 평균 스코어가 100미만인 사람은 전체 아마추어 골퍼의 30퍼센트 정도밖에 안 된다. 또한 그중 100미만까지 4년 이상 걸린 사람이 전체의 40퍼센트, 5년 이상 걸린 사람이 20퍼센트 정도다(골프 다이제스트 온라인 '초보자 골프 나비'에서 발췌). 이렇게 100타를 깬다는 것은 그만큼 꽤 높은 목표다.

나는 높은 목표를 세운 뒤 열심히 연습하고 골프책을 여러 권 읽는 등 다양한 요령을 시도했다. 그런데 실력은 전혀 늘지 않았다. 목표인 100미만이 멀게만 느껴지던 어느 날 나는 동아리 선배에게 고민을 털어놓았다. 그러자 선배는 파 5홀, 파 4홀, 파 3홀에서 각각 평균이 어느 정도인지, 드라이버 티 샷(각 홀의 처음 샷)이 얼마나 페어웨이(잘 다듬어진 잔디 구역)를 지키는지, 평균 1라운드에 몇 퍼트인지 등 질문을 퍼부었다. 하지만 나는 어떤 대답도 하지 못했다.

이때 비로소 깨달았다. 목표를 달성하기 위해서 반드시 알아야 할 자신의 현재 상황을 자세하게 분석하지 않았고 게을리했다는 사실을 말이다.

이와 비슷한 상황은 당신에게도 자주 일어나지 않는가? 예를 들어 다이어트를 하는 많은 사람은 목표 칼로리 수는 알아도 현재 자신이 매일 몇 칼로리를 섭취하고 있는지 곧바로 대답하지 못할 것이다. 식단을 보고 칼로리가 얼마인지 가늠할 수 있는 사람 또한 많지 않을 것이다. 이처럼 자신의 현재 상황을 정확하게 파악하지 못하면 목표 달성을 위한 적절한 방법이 무엇인지 알 수 없기에 목표 달성 확률은 낮아질 수밖에 없다.

자신에게 맞지 않는 방법을 고수한다

목표를 달성하지 못하는 두 번째 이유로 '목표 달성 방법론 중에 자신에게 적합한 것을 선택하지 못한다'를 들 수 있다.

애초에 당신이 달성하고자 하는 대부분의 목표는 이미 누군가가 달성한 것이다. 다이어트나 자격증 취득 등이 전형적인 예로 세상에는 이런 종류의 목표를 달성하기 위한 다양한 방법론이 존재한다. 그런데 사람마다 자신에게 맞는 방법론이 다르기에 어떤 방법론을 선택하느냐에 따라서 성공 여부가 달라진다. 다이어트처럼 많은 사람들이 세우는 목표는 대개 최근 화제를 모으고 있거나 지인이 시도해서 성공한 경험이 있는 방법을 선택하기 쉽다. 그런데 이 방법이 반드시 자신에게 맞는다고 장담할 수 있는가? 먹는 것을 좋아하는데 식사를 제한하거나 운동을 싫어하는데 매일 러닝이나 근력 운동을 해야 한다면 어떻겠는가? 자신에게 적합한 방법이 아니니 금방 포기하고 관두는 경우가 자주 발생할 수밖에 없다.

이와 비슷한 나의 일화를 소개하겠다. 대학 입시를 준비하던 때였다. 당시 나는 문과였는데 시험 과목에 포함된 수학에서 점수가 잘 나오지 않았다. 주변 친구들이 다른 수험생과 격차를 벌리려면 수학이 중요하다고 강조하기에 처음에는 수학 점수를 올리는 데 열심을 냈다. 수학을 중심으로 공부 시간표를 짰고, 평이 좋은 수학 참고서와 문제집을 보는 데 시간을 할애했다. 하지만 수학 점수는 좀처럼 오르지 않았다.

그런데 내가 지원하고자 했던 대학의 입시 과목은 국어, 영어, 수학, 국사, 세계사로 다섯 과목이었다. 실제로 전체 점수에서 수학이 차지하는 비중은 그렇게 크지 않았다. 이 사실을 알아차린 나는 곧바로 공부 방향을 수정했다. 수학은 기본적인 문제만 최소한으로 풀 수 있도록 했다. 자신 있었던 국어와 영어, 국사와 세계사 암기에 시간을 더 투자하는 쪽으로 방향을 틀었다. 그 결과 입시 다섯 과목의 총점을 올리는 데 성공했다.

만일 내가 수학 점수에 계속 집착했다면 총점을 올리지 못하고 대학 입시에서 쓴 고배를 마셨을지도 모른다. 이처럼 목표를 달성하기 위해서는 자신이 못하는 부분을 극복할 것인지 아니면 자신이 잘하는 분야에 더 집중해서 높은 점수를 얻을 것인지를 잘 파악해야 한다. 자신에게 적합한 방법론을 선택하는 것이 무엇보다 중요하다.

마지막 날에 목표가 완료되도록 스케줄을 짠다

목표 달성을 어렵게 만드는 세 번째 이유로 '최종 마감일에 목표가 100퍼센트 완료되도록 스케줄을 짠다'를 들 수 있다. 기한을 정했으니 마지막 날에 목표가 달성되도록 스케줄을 짜는 것이 당연하다고 생각하는 사람도 많을 것이다. 그러나 스케줄을 빠듯하게 짜면 뜻밖의 상황이 발생했을 때 적절히 대처하지 못한다. 결국 목표 달성에 실패할 확률만 높아지고 만다. 우리는 인간이지 기계가 아니다. 매일 똑같은 작업을 한다고 해도 그날의 컨디션이나 기분에 따라서 아웃풋의 양과 질은 크게 달라진다.

예를 들어 일과 병행하여 자격증 시험을 준비한다고 하자. 이 목표를 달성하기 위해서 200페이지 분량의 문제집을 매일 퇴근해서 10페이지씩 20일 동안 푸는 계획을 세우면 어떻게 될까?

실제로 매일 동일한 분량의 문제를 푸는 일은 의외로 실천하기 어렵다. 회사가 일찍 끝난 날에는 그나마 시간을 확보하기 쉽지만 일이 바빠서 퇴근이 늦어지거나 회식이 잡힌 날에는 버거울 수밖에 없다. 또한 분야에 따라서도 학습량에 차이가 생길 수 있다. 가령 수학에서 미분과 적분은 잘해서 10페이지씩 수월하게 풀 수 있지만, 도형은 아무리 시간을 들여도 10페이지를 다 풀지 못할 수 있다. 누구나 학창 시절에 이러한 경험을 했을 것이다. 이처럼 매일 일정하게 한 치의 여유도 없이 마지막 날에 목표가 100퍼센트 완료되도록 스케줄을 짠다면 이미 그 계획은 실현하기 어렵다고 봐야 한다. 인간의 행동과 기분은 항상 일정하지 않다는 것을 인식한 후에 이를 고려해서 어느 정도 여유를 두고 스케줄과 계획을 세워야 한다.

목표 달성까지 기간이 너무 길다

목표를 달성하지 못하는 네 번째 이유로 이 책의 주제와 관련이 깊은 '목표 달성 기간을 너무 길게 설정한다'를 들 수 있다. 이는 우리의 직감에 반하는 것일 수도 있다. 그러나 목표를 달성할 수 없는 이유는 대부분 목표 달성을 위한 기간이 너무 짧아서가 아니라 너무 길어서이다.

물론 목표는 다양하다. 목표에 따라서 1년 혹은 그 이상의 기간을 설정해야 이룰 수 있는 것도 많다. 예를 들어 대학 입시는 1년 혹은 이보다 훨씬 전부터 희망 대학에 합격하기 위해서 노력하는 사람이 대다수일 것이다. 그러나 대학 합격이 최종 목표인 경우라도 그 전에 단기 목표, 예를 들어 '여름 특강을 수강해서 ○○까지 공부한다'는 식의 작은 목표를 설정한다. 그리고 이런 단기 목표 달성을 반복하는 과정을 통해 최종 목표에 도달하도록 노력하는 경우가 일반적이다. 그렇다고 목표 달성 기간이 짧을수록 좋은 것은 아니다. 극단적인 예로 하루 또는 일주일 단위로 목표를 설정하면 목표 달성을 위한 시간이 너무 짧아서 큰 목표를 세우기 어렵다. 기간이 너무 짧으면 그 주의 업무 상황이 바쁘거나 공휴일이 끼어 있는 등의 개별적인 상황에 영향을 받기 쉽다. 이런 점에서 100일이라는 기간 설정은 너무 짧지도 길지도 않은 적당한 기간이라는 것을 알 수 있다.

자신의 진짜 모습과 마주하는 용기를 가진다

여기까지 목표 달성을 방해하는 네 가지 원인에 대해서 살펴봤다. 목표를 달성하고자 하는 의지는 있는데 자신에 대해서 제대로 파악하지 못하거나 자신에게 적합한 방법을 선택하지 못하거나 인간이기에 존재하는 한계를 알지 못하면 목표 달성은 어렵다. 중국 고대의 전략가인 손자는 '지피지기(知彼知己)면 백전불태(百戰不殆)'라는 유명한 명언을 남겼다. 자신에 대해서 그리고 이루고자 하는 목표의 난이도를 객관적으로 인지하지 못하면 목표 달성을 이루기 어렵다는 것이 이 명언이 시사하는 바다.

따라서 우리는 진짜 자신의 모습과 마주하는 용기를 가져야 한다. 그러나 자신을 객관적으로 정확하게 평가하는 것은 어려운 일이다. '내 능력은 이렇지 않다', '더 잘 할 수 있다'라며 자신을 과신하거나 실제로는 더 잘할 수 있는데 '더는 못 하겠다', '불가능하다'라며 자신을 낮추는 등 자신의 진짜 모습을 인정하고 싶어 하지 않는다. 목표를 달성해 나가는 일련의 행동에는 자신에 대한 감정과 마주하면서 자신을 정확하게 바라보고 자신이 할 수 있는 것을 달성하면서 새로운 가능성을 알아가는 과정이 내재되어 있다.

자신에게 적합한 방법론을 빠르게 찾아라

한 가지 더 강조하고 싶은 것이 있다. 모든 사람이 100퍼센트 효과를 기대할 수 있는 방법[how to]은 존재하지 않는다는 사실이다. 앞서 언급했듯이 목표를 달성하기 위한 방법은 이 세상에 넘쳐흐른다. 다이어트만 해도 온라인 서점에 검색하면 근육 트레이닝, 체조, 요가, 스트레칭, 호흡, 식사 제한, 단식, 심지어 '먹으면서 살 빼자'라는 제목의 책까지 출판되고 있다. 그리고 이 중에서 몇 권의 책은 베스트셀러로 날개 돋친 듯 팔리고 있다. 만일 다이어트 책을 읽은 사람이 전신 다이어트에 성공했다면 매년 새로운 책이 출판되는 일은 없지 않을까? 그런데 실제로 매년 이런 책에 내용을 조금 더 보강한 새로운 책이 나오고, 그중 몇 권이 또다시 베스트셀러가 되는 일이 반복되고 있다. 사실 이런 상황은 다른 관점에서 살펴보면 당연한 일이다. 성공으로 가는 길은 하나가 아니다. 열 명이 있다면 열 가지의 정답이 있다. 각자 자신의 성공 방법론을 책으로 쓴다면 매년 세부 사항이 다른 새로운 방법론이 탄생하는 것은 어떤 의미에서 자연스러운 일이다.

따라서 이와 같은 상황에서 목표를 달성하는 데 중요한 것은 자신에게 맞는 방법론을 방대한 선택지 내에서 찾아내는 일이다.

자신에게 맞는 방법을 빠르게 찾아낼 수 있다면 목표를 더욱 확실하게 달성할 수 있다. 하지만 자신에게 맞는 선택지를 찾지 못하면 목표 달성의 장벽은 단숨에 높아진다. 결국 목표 달성의 성패 여부는 자신에게 맞는 선택지를 발견하느냐 마느냐에 달린 것이다.

이와 같은 관점에서 이 책은 목표를 설정하는 방법과 노하우뿐만 아니라 자신에게 적합한 방법론을 찾기 위한 기본 개념에 관해서도 자세하게 설명한다. 기본 개념을 알면 목표를 설정할 때 자신에게 적합한 방법론을 더 빠르게 찾을 수 있다. 이 책은 '나에게 맞는 방법론'을 찾기 위한 시행착오를 겪는 과정에서 길을 안내해 주는 나침반과 같은 존재라고 할 수 있다.

100일은 목표 달성을 위한 첫걸음

목표 달성 기간은 100일로 설정하는 것이 좋지만, 100일 단위로 계획을 세우기만 하면 어떤 목표든 무조건 달성할 수 있는 것은 아니다. 목표 달성은 그리 간단하지 않다. 100일 만에 목표를 달성하려면 100일이라는 기간의 의의와 100일을 보내는 방법을 논리적으로 이해해야 한다.

따라서 2장부터는 목표를 달성하는 데 100일이라는 기간 설정이 왜 합리적인지 그 이유에 대해서 뇌의 작용을 비롯한 인간의 생리학적인 측면에 근거해서 자세하게 설명하고자 한다. 또한 100일이라는 시간을 어떻게 보내고 활용하면 목표를 달성할 수 있는지 구체적인 스케줄 편성과 실행 포인트에 대해서도 살펴보도록 하자.

2장.

100일 디자인의 과학적 근거

100일 단위는 뇌 과학적으로도 타당하다

100일 디자인은 과학적으로도 설명할 수 있다.
특히 인간의 두뇌 메커니즘과의 관련성은 실로 흥미진진하다.

습관이 형성되는 평균 일수는 66일

앞서 내가 컨설턴트로 일하면서 100일 동안 성과를 올렸던 실제 사례와 100일 단위로 업무 사이클을 운영하는 비즈니스 사례를 소개했다. 그런데 100일 단위로 목표를 설정하는 방법을 어떻게 다양한 상황에 적용시킬 수 있는 것일까? 100일이라는 기간을 적용할 수 있는 데는 사실 인간의 두뇌 메커니즘과 깊은 연관이 있다.

인간의 행동과 두뇌 움직임에는 '습관화'와 '순화'라는 두 가지 단계가 있다고 한다. 예를 들어 당신이 매일 15분씩 스트레칭 운동을 시작했다고 하자. 처음 며칠 동안은 교본이나 동영상을 보면서 따라

하기 바빠 다음 동작을 기억하지 못한다. 그런데 매일 지속하다 보면 스트레칭 동작이 서서히 머릿속에 들어오면서 잘 따라 할 수 있게 되고 차츰 재미를 느끼기 시작한다. 운동을 처음 시작했을 때처럼 더 이상 따라 하느라 바쁘지 않고, 하기 싫은 감정도 줄어든다. 이것이 바로 '습관화'다.

그런데 여기서 며칠이 더 지나면 매일 똑같은 스트레칭 동작을 반복하는 것이 단조롭게 느껴지고 질리게 된다. 즉 인간의 뇌는 첫 자극에 크게 반응하지만, 같은 자극을 여러 번 반복하면 자극에 대한 반응이 서서히 둔해진다. 이것이 '순화'이다.

그렇다면 인간은 어떤 행동을 습관화 또는 순화하는 데 얼마나 걸릴까? 영국 런던 대학교의 필리파 랠리Phillippa Lally 박사가 진행한 연구 결과에 따르면 인간이 어떤 행동을 습관화하는 데 평균 66일이 걸린다고 한다.

한편, '순화'에 대해서는 이와 다른 흥미로운 연구를 하나 소개하겠다. 바로 연애할 때 '마의 3개월'이라고 불리는 기간이다. 인간이 연애 감정을 가질 때 뇌는 새로운 자극에 대응하기 위한 '페닐에틸아민phenylethylamine'이라는 화학 물질을 분비한다. 이것이 연애 초기의 흥분과 설렘을 유발하는 것이다. 그런데 시간이 지나면서 연애 감정에 의한 자극이 약해지면서 뇌는 뇌내 화학 물질을 지속적으로 분비할 필요가 없다고 판단한다. 이런 상황을 '뇌의 순화'라고 한다. 연애 감정을 예로 들면 뇌의 순화로 인해서 연애 초기의 두근거림이나 설렘이 사라지는 것이다. 이와 마찬가지로 스트레칭 운동도 처음에 받았던 신선함이 사라지고 같은 동작을 반복하는 데 질리고 만다. 이러한 뇌내 화학 물질의 분비가 멈추는 타이밍은 약 3개월=100일이다.

100일은 뇌가 질리지 않는 기간

우리가 어떤 목표를 달성하려면 목표 달성에 필요한 노력과 행동을 반복하고 지속해야 한다. 그런데 3개월 동안 같은 행동을 지속하면 뇌는 그 자극에 익숙해지고 결국 질린다. 이런 뇌의 바이오리듬에 기초해서 생각해 보자. 새로운 일에 대한 도전은 가능하면 빨리 행동을 습관화하고, 뇌가 자극에 익숙해지기 전 약 3개월 안에 실현하는 것이 적절하다고 말할 수 있다. 비즈니스 세계에서 사업 관리나 컨설팅 프로젝트 등을 100일 단위로 끊어서 진행하는 이유는 이런 두뇌 프로세스를 의식적으로나 무의식적으로 이해했기 때문이 아닐까? 즉 100일 이상의 기간을 설정해도 비효율적이기에 100일로 디자인하는 것이다.

제일 잘하는 방법론을 단번에 선택할 수 있는가

'100일=약 3개월'은 새로운 일에 도전할 때 의욕을 유지하기에 적합한 기간이자 성과 여부를 평가하기 딱 좋은 사이클이다. 그렇다면 목표 달성을 100일로 설정하면 모든 목표를 이룰 수 있을까? 100일 단위로 스케줄을 짠 목표도 잘 달성될 때가 있고, 그렇지 않을 때가 있다.

목표 달성 여부는 '습관화의 난이도와 개인차'의 영향을 받는다. 만일 뇌내 화학 물질의 분비가 3개월로 끝나고 뇌의 순화가 일어났다면 평균 66일 걸리는 습관화까지의 프로세스를 얼마나 단축할 수 있느냐가 관건이다. 또한 빠르게 습관화하려면 자신이 잘하는 것과 못하는 것을 파악하고 습득하는 데 가장 수월한 방법론을 정확하게 선택하는 것이 중요하다. 가령 다이어트를 위해서 '운동하는 방법론'을 택했다면 평소에 운동을 하고 이를 좋아하는 사람은 쉽게 습관화할 수 있다. 그러나 학교를 졸업한 후에 거의 운동을 하지 않은 사람에게는 매우 높은 난이도의 선택이 아닐 수 없다. 당연히 이 둘은 운동을 습관화하는 데 필요한 시간에서 큰 차이를 보일 테고 이것이 목표 달성 여부에 큰 영향을 미칠 것이다. 이렇듯 자신이 잘하는 것과 못하는 것을 정확하게 파악한 후에 목표 달성의 성패가 달린 습관화가 빠르게 일어날 수 있는 자신과 잘 맞는 방법론을 선택하는 것이 매우 중요하다.

초고속 목표 달성의 비결은 플로우 상태에 있다

플로우flow 상태라고 들어본 적이 있는가?

플로우 상태를 빠르게 만드는 것이 목표 달성의 최대 포인트다.

되도록 빨리 벼락치기를 하라!

1장에서 매일 일정한 양과 일정한 속도로 노력하고, 마지막 날에 100퍼센트 완료되도록 짠 스케줄로는 목표를 달성하기 어렵다고 언급했다. 그렇다면 스케줄을 어떻게 짜면 목표 달성에 가까워질 수 있을까? 한마디로 말하자면 가능한 한 빨리 '벼락치기'를 해야 한다. 되도록 빨리 벼락치기를 하라니 무슨 말이냐며 반문하는 사람도 있을 테니 차례차례 설명하겠다.

'인간은 되도록 편하고 싶은 게으른 생물'이고 이것이 바로 인간의 본질이 아닐까 생각한다. 기간을 정해서 목표를 달성하려고 해도 노력할 시간이 충분하다고 느끼면 우리는 열성을 다하지 않기 때문이다. 학창 시절의 시험 공부가 그 전형적인 예다. 한 학기 동안 공부를 열심히 하지 않았지만, 하루 앞으로 다가온 시험에서 대개의 경우 나머지 밀린 공부를 하느라 허둥지둥할 것이다. 누구나 한 번쯤 경험해 본 적이 있는 시험 전날의 '벼락치기 공부'가 그것이다.

솔직히 '벼락치기'는 목표 달성을 위해 마지막 24시간의 노력에 필사적으로 매달린다는 의미에서 바람직한 목표 달성 방법이라고 할 수 없다. 그런데 벼락치기로 오히려 공부 효율이 높아져서 생각보다 점수가 잘 나왔던 적이 있지 않은가? 단기간의 집중을 통해서 습득 능력이 촉진되는 경우는 시험 공부 이외의 다른 분야에서도 나타난다.

예를 들어 악기 연주나 게임 등의 취미 활동이 그렇다. 일정 기간 동안 열정을 쏟아부으며 밤새워 연습한 결과 예상외로 빠르게 기술을 습득하거나 능력이 향상된 적이 있을 것이다. 이처럼 단기간에 극도의 집중 상태를 만드는 것은 목표 달성에 필요한 기술 숙달도를 높이거나 습관화하는 데 매우 효과적이다.

벼락치기란 집중력이 높아지는 플로우 상태

좋아하는 일에 몰두하고 있을 때 시간이 언제 이렇게 흘렀나 싶을 정도로 금방 지나는 경험을 누구나 한두 번쯤 해 봤을 것이다. 뭔가에 집중하고 푹 빠져들어서 몰입한 정신 상태를 '플로우 상태'라고 부른다. 인간은 플로우 상태로 들어가면 높은 집중력을 보이고 즐거움, 만족감, 상황 조절감, 자존감의 고조를 경험한다. 그 결과 자신이 가진 최대한의 능력을 발휘해서 평소보다 훨씬 높은 수행 능력을 보인다. 또한 플로우 상태를 반복해서 경험하면 그 활동을 수행하기 위한 보다 고차원적인 능력까지 익힐 수 있다.

플로우 상태는 다양한 활동에서 발현한다. 스포츠나 댄스 등의 신체 활동, 음악 연주나 그림, 조각 등의 창작 활동, 게임 플레이, 지식 습득, 논리적인 글쓰기 등 상당히 광범위하다.

플로우 상태로 들어가려면 눈앞의 목표에 자신의 모든 신경을 집중시켜야 한다. 그 외에 어떤 것에도 한눈을 팔지 않고, 오로지 자신이 해야 할 목표에만 몰입하면 평소와 다른 집중력으로 행동할 수 있다.

벼락치기로 시험 공부에 집중할 때도 우리는 일종의 플로우 상태에 들어가 있는 셈이다. 플로우 상태에서 공부했기에 짧은 시간이라도 합격 점수를 딸 수 있을 만큼의 지식을 얻을 수 있는 것이다. 이런 플로우 상태로 들어갈 수 있다면 보다 효율적·효과적으로 목표를 이룰 수 있다.

초기 단계에서 플로우 상태에 들어간다

목표를 효율적으로 달성하기 위해서는 벼락치기를 통해서 들어간 플로우 상태를 잘 활용하는 것이 가장 합리적이다. 즉 자신의 행동에서 나타나는 일정하지 못한 패턴을 파악하고, 적절한 타이밍에 집중하도록 통제할 수 있다면 목표 달성 시간을 전략적으로 디자인할 수 있다. 이처럼 플로우 상태를 언제, 어떻게 발현시켜서 유지할 것인지가 목표 달성에 중요한 열쇠가 된다.

이와 관련해서 상당히 흥미로운 연구 결과가 하나 있다. 미국의 심리학자 미하이 칙센트미하이Mihaly Csikszentmihalyi는 플로우 상태는 수행해야 할 과제가 다음의 세 가지 조건을 모두 혹은 두 가지 이상 만족시킬 때 촉진된다는 것을 알아냈다. 첫 번째 조건은 달성하고 싶은 목표가 존재할 것, 두 번째 조건은 목표 달성을 위한 과제가 적당한 난이도, 즉 너무 어렵지도 너무 쉽지도 않아야 할 것, 세 번째 조건은 목표 달성도에 대한 적절한 피드백을 받을 수 있어야 할 것이다.

이 세 가지 조건을 통해 알 수 있는 것은 시간의 절박성이 플로우 상태로 들어가기 위한 요건이 아니라는 점이다. 우리는 극한의 집중 상태를 만들려면 시험 전날이거나 마감 임박 등 시간이 촉박해야 한다고 생각하기 쉽다. 그런데 실제로 플로우 상태는 시간의 속박 없이도 가능하다.

이런 생각을 골똘히 하다가 '벼락치기' 타이밍을 스케줄상 빠른 단계에 적용하면 목표 달성에 필요한 숙달과 습관화를 단기간에 실현할 수 있지 않을까 하는 아이디어가 나왔다. 인간이 가진 감정 기복을 고려해서 100일을 전략적으로 설정하고, 기간 내의 숙달 효과를 최대치로 끌어올리는 것이 이 책에서 소개하는 100일 디자인의 기본 전략이다. 100일이라는 정해진 기간이기에 하루하루를 전략적으로 보내는 것이 매우 중요하다.

100일 디자인의 세 가지 이론 ①
심리적 마찰력

100일 디자인의 효과를 과학적으로 설명하는 세 가지 이론 중
첫 번째로 심리적 마찰력을 소개한다.

한 번 움직이면 편해지는 것이 마찰력이다

목표를 달성하기 위해서는 가장 빠른 타이밍에 플로우 상태로 들어가는 것이 중요하다고 설명했다. 이런 시간 배분이 왜 합리적이고 목표 달성에 기여하는지 보다 깊이 이해하려면 100일 디자인을 뒷받침하는 '세 가지 이론'을 알아야 한다.

우선 '정지 마찰력'과 '운동 마찰력'에 대해서 살펴보자. 여기서 질문을 하나 하겠다. '정지해 있는 물체를 움직이게 하는 것'과 '움직이는 물체를 계속 움직이게 하는 것' 중에서 어느 쪽이 더 많은 힘이 필요할까? 정답은 '정지해 있는 물체를 움직이게 하는 쪽'이다.

가령 이사할 때 무거운 가구를 이동시키는 경우 한 번 밀어서 가구를 움직이면 그 이후는 수월했던 경험이 있을 것이다. 정지해 있는 물체가 움직일 때 움직임을 방해하는 방향으로 작용하는 힘이 '정지 마찰력'이다. 움직이는 물체의 운동을 방해하는 방향으로 작용하는 힘이 '운동 마찰력'이다. 일반적으로 정지 마찰력은 운동 마찰력보다 크다. 즉 정지해 있는 물체를 움직이도록 미는 쪽이 움직이는 물체를 계속 움직이도록 미는 쪽보다 더 큰 힘이 필요하다.

그림 2-1. 정지 마찰력과 운동 마찰력

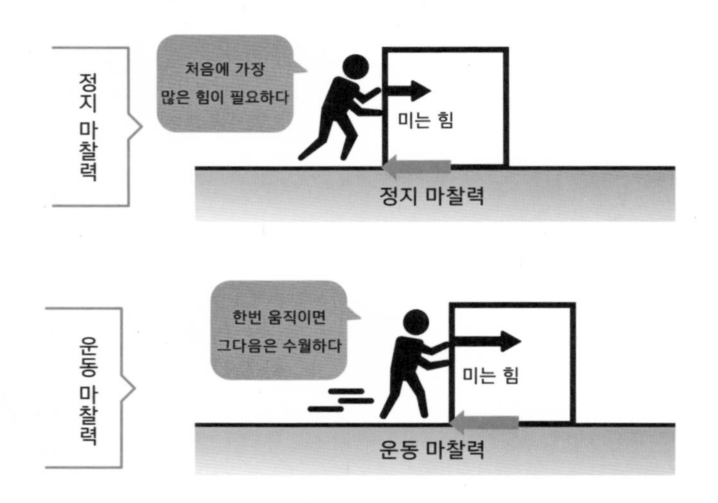

사람의 마음에도 마찰력이 존재한다!

목표를 달성하기 위해서는 아무 행동도 하지 않는 상태에서 행동하는 라이프 스타일로 어떻게 이동할 것인지가 중요하다. 이때 알아두어야 할 것이 있다. 정지 마찰력과 운동 마찰력이 일상 행동의 '심리적인 측면'에도 그대로 적용된다는 점이다. 즉 인간은 새로운 뭔가를 시작하려고 할 때 이미 하고 있는 일을 계속하는 것보다 더 큰 '심리적 마찰력'을 느낀다. 그래서 뭔가를 새롭게 시작하기 위한 노력이나 심리적 부담감이 지금까지 해 왔던 일을 지속할 때보다 더 크게 느껴지는 것이다.

예를 들어, 매일 운동을 하는 경우 평소에 해 왔던 익숙한 운동을 지금까지 해 본 적이 없는 새로운 운동으로 바꾸면 이를 실행하고 지속하는 데 적지 않은 저항감을 느끼게 된다.

이러한 법칙을 이해하지 못하면 새로운 일을 시작할 때 지금까지 해 왔던 습관을 지속하는 것과 동일한 마음가짐으로 임할 수밖에 없다. 이는 새로운 일을 습관화하는 데 필요한 에너지의 부족으로 이어진다.

이미 습관화되어 일상적으로 계속하고 있는 일도 행동을 시작할 때는 크든 작든 정지 마찰력이 작용한다. 예를 들어 다이어트를 목표로 세웠고 체중 감량을 위해서 매일 15분씩 운동하기로 정했다고 하자. 운동을 습관화하는 단계를 무사히 지났어도 15분씩 운동하는 일과를 지속하려면 쉬고 싶은 유혹을 뿌리치고 운동을 해야 한다. 회사 업무나 회식 등으로 늦게 귀가했을 때 운동을 하려면 귀찮고 부담스러운 것이 사실이다. 오늘 하루 정도는 건너뛰고 내일 하면 되니까 괜찮다는 생각이 들 때도 많을 것이다.

그러나 이런 유혹을 뿌리치고 '단 5분이라도 하자'며 운동을 시작하면 더 나아가 운동을 10분 더 하는 데 시작할 때만큼의 저항감은 느껴지지 않는다. 이 또한 심리적인 정지 마찰력과 운동 마찰력이 작용한 예라고 할 수 있다. 이처럼 무언가를 시작할 때 필요한 힘이 지속할 때 필요한 힘보다 크다는 사실을 이해해야 한다. 처음 시작하는 타이밍에서 가능하면 자신의 힘을 최대한 집중시키는 것이 100일 만에 목표를 달성하는 데 매우 중요하다.

100일 디자인의 세 가지 이론 ②
파레토 법칙과 일개미의 법칙

두 번째 이론은 파레토 법칙과 일개미의 법칙이다.
사실 목표 달성에 몰두하는 시간은 불과 전체의 20퍼센트밖에 되지 않는다.

세상의 모든 일은 8:2로 설명할 수 있다

100일간의 목표 달성을 위해서 다음으로 알아야 할 것이 100일 스케줄에서 시간을 어떻게 사용할 것인지에 대한 적절한 균형을 찾는 방법이다. 이를 위해서 '파레토 법칙'과 '일개미의 법칙'을 소개하겠다.

파레토 법칙 또는 80:20 법칙은 회사나 학교 수업 등에서 들어본 적이 있을 것이다. 파레토 법칙은 이탈리아의 경제학자 빌프레도 파레토Vilfredo Pareto가 발견한 것으로, 경제에서 전체 수치의 대부분은 전체를 구성하는 요소의 작은 일부분에서 나온다(탄생한다)는 이론이다.

파레토 법칙은 비즈니스의 여러 상황에서 관찰할 수 있다. 위키피디아는 다음과 같이 파레토 법칙의 사례를 소개하고 있다.

- **비즈니스에서 매출의 80퍼센트는 전체 고객의 20퍼센트에서 나온다**
- **상품 매출의 80퍼센트는 전체 상품의 20퍼센트에서 나온다**
- **매출의 80퍼센트는 전체 직원의 20퍼센트에서 나온다**
- **업무 성과의 80퍼센트는 투자한 시간 중 20퍼센트에 해당하는 시간에서 나온다**
- **고장의 80퍼센트는 전체 부품의 20퍼센트에 원인이 있다**

이처럼 성과나 문제의 약 80퍼센트는 전체의 약 20퍼센트에 해당하는 인원과 시간에 의해서 탄생된다는 것이 이 법칙의 기본 개념이다.

열심히 일하는 개미와 땡땡이치는 개미의 비율은 항상 일정하다

파레토 법칙의 흥미로운 점은 인간의 경제 활동만이 아니라 자연계에서도 동일하게 발견된다는 것이다.

자연계에서 파레토 법칙이 적용되는 사례로 '일개미의 법칙'이 있다. '일개미의 법칙'은 일본 홋카이도 대학교의 하세가와 에이스케(長谷川英祐) 박사가 개미 집단에서도 파레토 법칙을 발견할 수 있다는 사실을 연구한 것이다. 즉 파레토 법칙의 파생 개념이다. 구체적인 내용은 다음과 같다.

- 일개미 중에서 열심히 일하는 20퍼센트의 개미가 80퍼센트의 식량을 모은다.
- 일개미 중 20퍼센트의 개미가 게으름을 피운다.
- 즉 열심히 일하는 개미와 보통으로 일하는 개미(종종 땡땡이를 침), 게으름을 피우는 개미의 비율은 2:6:2이다.
- 열심히 일하는 개미의 20퍼센트를 솎아내면 나머지 개미의 20퍼센트가 열심히 일하는 개미가 되고 전체적으로 다시 2:6:2의 비율이 된다.
- 열심히 일하는 개미만 모아도 일부는 게으름을 피우기 시작해서 역시 2:6:2의 비율로 나뉜다.
- 게으름을 피우는 개미만 모으면 일부가 일하기 시작해서 2:6:2의 비율로 나뉜다.

여기서 재미있는 점은 열심히 일하는 개미만 모아도 게으름을 피우는 개미만 모아도 '열심히 일한다:보통으로 일한다:게으름을 피운다'의 비율이 2:6:2가 된다는 것이다.

그림 2-2. 일개미의 법칙

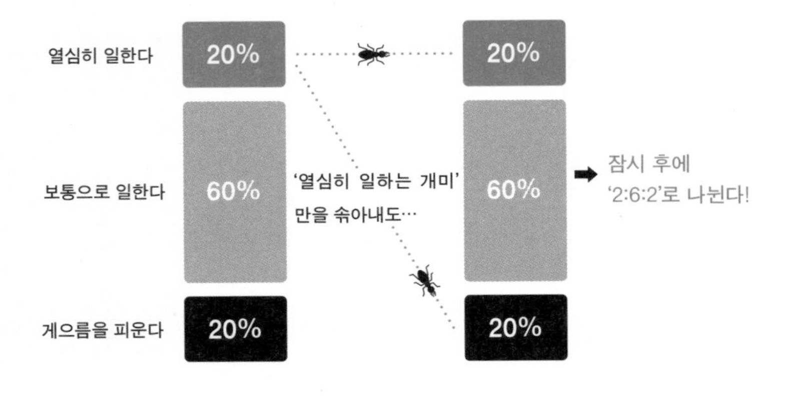

출처) 다케우치 구미코(竹内久美子) '못하는 사람도 몇 명은 있는 편이 나은 이유는?' 〈PRESIDENT〉 2012년 6월 4일호

전체의 20퍼센트에 해당하는 시간에만 열심히 일할 수 있다

이런 결과가 나오는 이유와 관련해서 의외의 반전이 있다. 오랫동안 개미의 행동을 관찰한 결과 똑같은 개미가 계속 열심히 일하거나 또는 계속 게으름을 피우는 것이 아니라는 사실이 밝혀진 것이다. 똑같은 개미가 그때그때의 상황에 따라서 열심히 일하거나 게으름을 피우거나 해서 2:6:2의 비율이 유지되는 것이다. 즉 '항상 열심

히 일하는 개미'와 '항상 게으름을 피우는 개미'는 존재하지 않는다.

그렇다면 개미의 노동에 영향을 미치는 것은 무엇일까? 그 원인을 살펴봤더니 피로가 영향을 미치는 것으로 확인됐다. 따지고 보면 이는 매우 상식적인 일이다. 처음에 열심히 일하던 개미가 피곤해서 쉬고 있으면 그 일이 돌고 돌아서 그때까지 휴식을 취하고 있던 개미가 대신해서 일하기 시작하는 것이다. 인간의 노동도 개미와 별반 다르지 않다. 우리가 로봇이 아니라 살아 움직이는 인간인 이상 계속해서 일만 하면 피로가 쌓이기 마련이다. 오랫동안 쉬지 않고 일하는 것은 무리고 실제로 전력을 다해서 일할 수 있는 시간은 전체의 20퍼센트 정도라고 생각하는 것이 이치에 맞지 않을까?

또한 개미의 사례를 참고해서 전체 기간 중에서 20퍼센트 정도는 피로로 인해서 '게으름을 피우는 시간'임을 미리 염두에 두는 편이 좋다. 이를 전제로 100일이라는 다소 짧게 느껴지는 기간에도 열심히 노력하는 기간과 게으름을 피우는 기간을 적절히 배분하면 목표 달성에 조금 더 가까워질 수 있다.

목표를 설정할 때 우리는 의욕이 넘친다. 자신의 육체적·정신적 피로에 대한 이해가 부족하여 힘든 상황이 찾아와도 끈기와 노력으로 극복할 수 있다고 생각한다. 그런데 인간은 의욕이 넘칠 때와 그렇지 않을 때가 있고 피곤할 때 쉬지 않으면 본래 능력을 제대로 발휘하지 못하는 등 '살아 있는 생물로서의 한계'가 존재한다. 이를 명확하게 인식하는 것이 목표를 설정하는 데 매우 중요하다.

100일 디자인의 세 가지 이론 ③
경험 곡선과 고원 현상

세 번째 이론은 경험 곡선과 고원 현상이다.
최고점을 뒤로 미루면 예상과 달리 효율이 떨어지는 이유는?

게으름을 피워도 성과를 올릴 수 있는 방법

앞에서 설명했던 일개미의 법칙에 기초해서 우리는 자신의 내면에 존재하는 '게으름을 피우는 자신'을 의식하면서 목표 달성을 위한 계획을 세워야 한다. 즉 100일이라는 기간 동안 집중하는 타이밍과 게으름을 피우는 타이밍을 어떻게 효율적으로 배분할 것인지 그리고 게으름을 피울 때는 목표 달성을 위한 노력을 어떻게 줄일 것인지가 중요한 열쇠다.

이 점을 잘 이해했다면 100일 디자인의 세 번째 이론인 '경험 곡선experience curve'에 대해서 살펴보자. 경험 곡선은 전략 컨설팅 회사인 보스턴 컨설팅 그룹BCG이 제창한 개념이다. 제품의 누적 생산량이 증가하면 단위당 필요한 비용이 일정한 비율로 저하되는 '경험 원칙'을 말한다.

경험 곡선의 밑바탕에는 '학습 곡선learning curve'이라는 개념이 깔려 있다. 이는 '연습량과 반응 속도를 그래프화하면 연습량이 많아질수록 반응 속도가 빨라진다'는 이론이다. 개인이나 조직이 특정한 과제에 대한 경험을 축적하면 보다 효율적으로 그 과제를 수행할 수 있다는 것인데 당신도 직감으로 이해하기 쉬울 것이다.

경험 곡선은 학습 곡선의 개념에 기초해서 작업과 관련된 경험을 많이 쌓으면 쌓을수록 작업 수행 속도가 빨라지고 결과적으로 제품 한 개당 필요한 비용이 줄어든다고 본다. 이런 비용 삭감의 효과는 산업 분야나 제품에 따라서 다르지만, 일반적으로 누적 생산량이 2배가 될 때 20~30퍼센트의 단위 비용이 감소한다고 한다. 표 2-3을 보면 알 수 있듯이 초기 단계에서는 경험을 쌓을수록 극적으로 단위 비용을 낮출 수 있다. 또한 일정 이상의 경험을 쌓으면 비용 삭감의 폭이 줄어드는 것도 경험 곡선의 한 특징이다. 어느 정도 수준까지 숙련하면 그 이상의 효율화는 어려워지는 것이다.

표 2-3. 경험 곡선

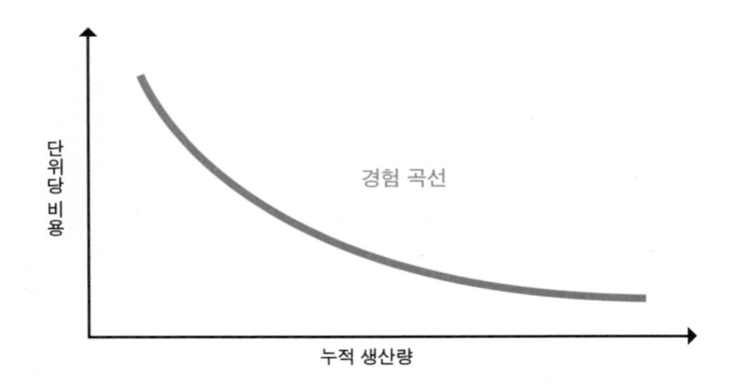

경험 곡선을 120퍼센트 활용하라!

100일 만에 목표를 달성하고자 할 때 경험 곡선을 이미지화하는 것이 매우 중요하다. 보통 계획을 세울 때 기술을 익히고 스케줄대로 진행해 나가는 속도가 항상 일정할 거라는 착각에 빠지기 쉽다. 그러나 실제로 100일 목표 달성의 첫 번째 날과 마지막 날의 속도는 전혀 다르다. 마지막 날이 훨씬 더 빠르다. 또한 숙련도가 초기에 급속히 빠르게 상승하는 것을 감안하면 되도록 이른 시점에서 경험을 쌓아야 경험 곡선의 효과를 누릴 수 있다.

따라서 100일이라는 기간 중 빠른 타이밍에 '열심히 일하는 일개미' 모드로 들어가서 집중적으로 작업하는 시간을 갖고 경험을 쌓으면 경험 곡선의 효과를 오랫동안 누릴 수 있으므로 효율이 높아진다. 이후에는 일개미의 법칙에 따라 보통으로 일하는 기간과 게으름을 피우는 기간으로 이동하더라도 조금의 노력으로 보다 많은 일을 할 수 있는 숙련도를 이미 갖췄기에 목표 달성 속도를 유지할 수 있다.

일을 수행할 때 초반에 여유를 부리다가 끝날 무렵에 열심히 하는 것과 초반에 열심히 하다가 끝날 무렵에 여유를 부리는 것은 들인 노력이 동일하므로 결과도 크게 다르지 않을 것이라고 생각하기 쉽다. 그러나 경험 곡선의 개념을 적용하면 되도록 이른 초기 단계에서 경험을 쌓는 편이 효율적이고, 목표를 수월하게 이룰 수 있다.

최고점을 뒤로 미루는 최대 함정 고원 현상

한 가지 더 학습 곡선을 이해하는 데 중요한 개념이 있다. 바로 '고원 현상plateau phenomenon'이다. 새로운 기술을 익힐 때 처음에는 연습량에 비례해서 실력이 느는 것이 확연하게 느껴진다. 그러나 어느 날 갑자기 레벨이 더 이상 오르지 않거나 정체기에 빠진 것 같은 느낌이 드는 경우가 있다. 예를 들어, 입시 공부의 경우 초반에 순조롭게 점수가 잘 오르다가 어느 날부터 오르지 않거나 혹은 운동이나 악기 연주에서 어느 정도 수준까지는 실력이 일취월장했는데 그 이후 좀처럼 늘지 않았던 경험이 이에 해당한다. 이처럼 학습을 지속하고 있지만, 진전이 없고 성장이 정체되는 상태나 시간을 고원 현상이라고 한다.

고원 현상에 머무를 때는 노력하는 양에 비례해서 성과가 오르지 않는다. 아무리 연습을 해도 실력이 늘지 않는다고 느껴지는 기간이 지속된다. 이런 현상이 일어나는 이유는 무엇일까? 그 이유 중 하나는 이 기간 동안에 뇌가 지금까지 습득한 지식을 정리하고 사용할 수 있는 형태로 바꾸는 작업을 수행하고 있기 때문이다. 지식의 숙성 기간을 거치면 머릿속에 기억된 지식은 사용할 수 있는 지식으로 재정리된다. 그리고 더 높은 레벨의 성장 곡선으로 올라가기 위한 토대가 된다.

스케줄 초반에 집중하는 기간을 설정하면 고원 현상에 빠져도 초조해하지 않을 수 있다. 즉 스케줄상 빠른 단계에서 '고원 현상'에 들어가면 시간적으로 여유를 갖고 이를 극복할 수 있다. 한편, 후반이나 마지막 단계에서 고원 현상에 빠지면 예상보다 기술을 습득하는 데 시간이 지체되어 정신적으로 매우 초조해지고 결국 자신감을 잃기 쉽다.

여기까지 100일 디자인의 세 가지 기초 이론인 '심리적 마찰력', '파레토 법칙과 일개미의 법칙', '경험 곡선과 고원 현상'에 관해 설명했다. 목표를 달성하기 위해서는 자신의 내면에 존재하는 인간적인 면모를 이해해야 한다. 그리고 초기 단계에 에너지를 집중시켜서 심리적인 정지 마찰력을 극복하고, 목표 달성을 위한 활동을 습관화하는 것이 중요하다.

이와 같은 100일 디자인의 기본 방향을 이해했다면 이를 바탕으로 3장에서는 목표를 달성하기 위한 전체적인 구상 방법grand design에 대해서 자세하게 알아보도록 하자.

표 2-4. 고원 현상

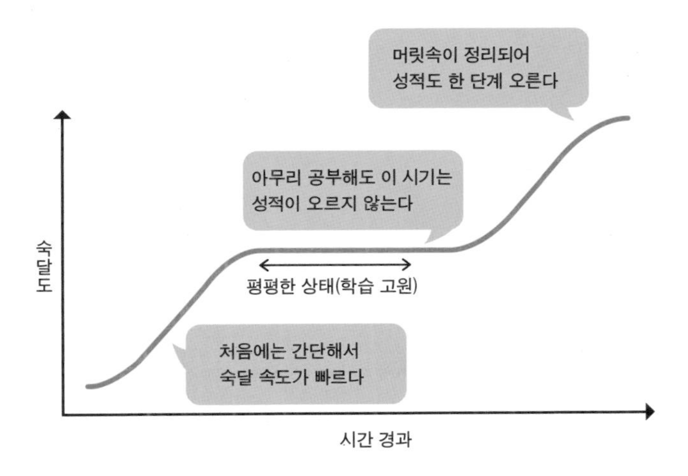

출처) 이케다 요시히로(池田義博)(2017) 《두뇌에 맡기는 공부법》 다이아몬드사

3장.

100일 디자인의 기초 지식

목적의식이 있으면
동기 부여는 자연스럽게 지속된다

동기 부여를 장기간 지속하는 열쇠는 목적의식이다.
목적의 결여는 도중에 좌절하게 하는 가장 큰 원인이다.

목표만 세우면 도중에 쉽게 좌절한다

목표를 달성하기 위해 행동에 나서려면 '최초의 마력'이 중요하다는 것을 정지 마찰력과 운동 마찰력을 예로 들어서 설명했다. 아무리 목표를 세워도 강력한 동기 부여가 없으면 행동에 나서지 못하고 지속할 수 없는 것이 인간의 슬픈 현실이다. 그렇다면 '최초의 장벽'을 극복할 만한 강력한 동기는 어떻게 하면 얻을 수 있을까? 목표를 이루겠다는 확고한 신념을 가지기 위한 중요한 요령이 있다. 바로 목표 달성 직후 도달하는 '목적'의 이미지를 초반부터 명확하게 그리는 것이다.

목적이란 항해에 비유해서 말하면 항해 도중에 절대로 잃어버려서는 안 되는 북극성과도 같은 것이다. 목적 달성이 자신에게 얼마나 중요한지, 100일 후에 목표를 달성했을 때 자신은 어떤 행복을 손에 넣고 싶은지 등을 구체적으로 이미지화할 수 있다면 이는 목표를 달성해 나가는 과정에서 큰 심리적 버팀목이 될 것이다. 목표를 달성한 직후에 도달하는 목적의 가치에 대한 강렬한 자각이 행동을 시작하고 지속하기 위한 강력한 추진력이 된다.

목적은 목표를 이룬 뒤의 바람직한 모습이다

혹시 모르니 목표와 목적의 차이에 대해서 정리해 보겠다. 목표는 기한을 정해서 달성하고자 하는 구체적인 대상이다. 목적은 '목표를 달성한 직후에 도달하는 것', 즉 목표를 달성함으로써 실현하는 행복한 상태를 말한다. 목적은 최종적으로 도달하고 싶은 '자신이 꿈꾸는 바람직한 모습'이고, 목표는 목적에 도달하기 위한 구체적으로 측정 가능한 타깃이라고 생각하면 이해하기 쉬울 것이다.

목표 달성은 목적 달성으로 이어져야 비로소 의미를 갖는다. 조금 이해하기 어려울 수도 있으니 구체적인 예를 들어서 설명하겠다. 가령 체중을 3kg 감량하고 싶다는 목표를 세웠다고 하자. 그 이유가 '결혼식에 마음에 드는 웨딩드레스를 입고 싶다'라면 '웨딩드레스를 입는 것'이 본래 목적이 된다. 그리고 3kg을 감량하려면 식사를 제한하거나 근력 운동을 하는 '방법'을 선택하게 되는데 여기서 중요한 점이 있다. 100일 후에 3kg을 감량한다는 목표를 세우고 멋지게 달성했더라도 그것이 반드시 목적 달성으로 이어진다고 말할 수 없다는 것이다. 결혼식이 한 달 후인데 100일 후에 3kg이 빠진들 무슨 소용이 있겠는가? 목적을 달성하려면 한 달 만에 3kg을 감량한다는 목표를 달성해야 하는 것이다.

만일 결혼식이 100일 후라서 3kg을 감량했는데 웨딩드레스가 맞지 않는다면 이 역시 목적을 달성하지 못한 것이다. 그런데 2kg밖에 빼지 못했는데 웨딩드레스가 잘 맞는다면 이는 본래 목적을 달성했다고 볼 수 있다. 이처럼 목적이 무엇인지 명확하게 인식하고 목표를 세워야 한다. 그렇지 않으면 죽을힘을 다해서 목표를 달성했어도 그 노력은 물거품이 되고 만다.

표 3-1. 목표와 목적의 관계

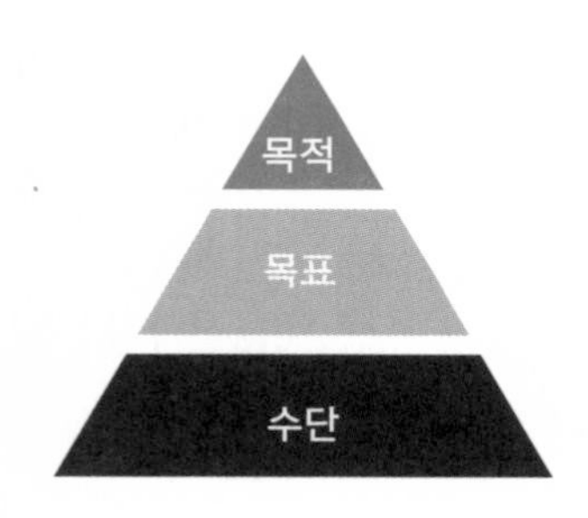

목적	마음에 드는 웨딩드레스를 입는 것
목표	3kg을 감량하는 것
수단	식사 제한과 근력 운동을 할 것

본래 목적을 잊고 목표에 집착해서는 안 된다

목표와 목적의 관계에서 한 가지 주의해야 할 것이 있다. 목표와 목적을 혼동해서 '목표를 목적화'하는 것이다. 앞의 예로 설명하면 웨딩드레스를 입는 것이 목적이었는데 어느샌가 체중을 감량하는 목표가 목적화가 되어서 체중에 집착하다가 거식증에 걸리는 우를 범할 수도 있다. 이를 방지하려면 목표를 설정할 때 목표를 이룬 후에 도달하는 목적이 무엇인지 항상 마음에 새기고 잊지 않는 것이 중요하다.

'목표의 목적화'가 일어나지 않도록 미연에 방지하기 위한 판단 기준으로 현재 자신이 바라는 것이 자신에게 행복을 가져다주는지를 따져보면 좋다. 체중이 3kg 빠졌더라도 그것이 단순한 숫자의 변화일 뿐 그 사실만으로 인간은 행복해지지 않는다. '3kg이 빠져서 예뻐졌다', '멋진 옷을 맵시 있게 입을 수 있다' 등 물리적 혹은 정서적인 가치가 생겼을 때에 비로소 행복을 느낀다. 3kg를 뺐다는 사실에 가치가 있는 것이 아니라 3kg을 뺀 후에 도달하는 상태에 가치가 있는 것이다. 이렇게 생각하면 자신이 목적이라고 여겼던 것이 실은 목표였던 경우도 발생할 수 있다. 그리고 자신이 세웠던 목표를 달성했는데 만일 행복하지 않다면 목표 달성이 목적 달성으로 제대로 이어지지 않았기 때문이라고 생각해 보는 것이 중요하다.

목적은 목표의 집합체이기도 하다

또 다른 관점에서 목적과 목표의 관계를 정리하면 목적이란 여러 목표의 집합체이기도 하다. 목적이 지향하는 바가 높으면 목표를 하나만 달성해서는 목적을 실현할 수 없다. 여러 개의 목표 달성을 쌓아야 실현할 수 있는 것이다. 등산을 예로 들어서 설명하면 목적인 산 정상에 오르려면 베이스캠프에서 중간 베이스캠프로 천천히 한 발씩 위로 올라가는 수밖에 없다. 여러 개의 중간 베이스캠프를 차례로 공략해 나가는 것이 각각의 목표가 되는 것이다.

여기서 주목해야 할 것은 목적에 도달하기 위한 목표 설정 방법은 다양하다는 점이다. 등산을 할 때 산 정상에 오르기 위한 루트는 반드시 하나가 아니다. 산의 형세에 따라서 등산길이 아닌 로프웨이로 정상에 오를 수도 있다. 목적 달성이 중요하다면 중간에 어떤 목표를 설정하더라도 최종적으로 목적을 달성하면 된다고 심기일전할 수 있다. 목적을 달성하기 위한 최적의 방법은 사람에 따라서 천차만별이고 자신에게 맞는 방법을 선택하는 것이 무엇보다 중요하다는 점을 명심하길 바란다.

여기까지 목적과 목표의 관계를 이해하는 것이 왜 중요한지에 대해 설명했다. 목표 달성은 목적을 달성하기 위함이라는 것을 항상 유념해야 한다. 목표를 이루고 싶지만, 그것이 목적 달성으로 이어지지 못하는 사태에 빠지지 않도록 주의하자. 이를 바탕으로 다음에는 목표 달성을 위한 접근을 어떻게 디자인해야 하는지에 대해서 설명하겠다.

100일 디자인을 구성하는 다섯 개의 기간

100일 디자인은 다섯 개의 기간으로 나눌 수 있다.
각 기간의 특징을 알아보고 적절한 스케줄의 기본을 배워 보자.

골든타임은 전반부의 20일

자, 여기서부터는 드디어 계획 책정의 구체적인 방법에 대한 설명이다. 2장에서 설명한 일개미의 법칙과 같이 우리가 오롯이 집중할 수 있는 기간은 전체의 20퍼센트, 즉 100일 중 20일 남짓이다. 나머지 80일 중 60일은 적당히 노력하는 기간, 20일은 게으름을 피우는 기간이라는 점을 미리 명확하게 인식하고 있어야 한다. 이를 전제로 경험 곡선의 효과를 최대한으로 활용하기 위해서는 가능하면 전반부에서 굳게 결심하고 집중해서 학습과 작업의 최고점을 일찍 찍는 것이 중요하다. 이렇게 하면 보다 빠르게 경험 곡선의 효과를 끌어낼 수 있다.

한편, 최고점을 지난 후의 스케줄은 여유와 융통성을 가지고 진행할 필요가 있다. 초반에 열심히 노력했음에도 불구하고 예상만큼의 성과를 올리지 못했을 때 스케줄상 여유가 있으면 목표 달성을 위해서 빠르게 스케줄을 변경하고 적절하게 대처할 수 있기 때문이다.

100일 디자인의 다섯 개 기간

이제 100일간의 스케줄에 대해서 구체적으로 살펴보자. 첫 번째 단계는 100일을 크게 다섯 개의 기간으로 분류하는 작업이다. 다섯 개의 기간은 다음과 같다.

① 계획 기간

- 계획을 세우고 목적, 목표, 스케줄을 정리하는 기간

② 도움닫기 기간

- 목표를 위한 노력과 행동을 습관화하는 프로세스를 구축하고 준비를 다지는 기간

③ 골든타임 기간

- 목표 달성을 위해 최고 속력으로 노력과 행동을 추진하는 기간

④ 최종 마무리 기간

- 목표 달성을 향해서 완성도를 높이는 기간

⑤ 완충 기간

- ①~④에서 예상과 달리 시간이 더 소요됐을 때를 대비해서 여유를 두는 기간

어떤 목표든 달성해 나가는 과정에 이 다섯 개의 기간을 설정해야 한다. 일개미의 법칙을 적용해서 설명해 보자. 집중해서 노력하는 20일은 골든타임 기간, 적당히 노력하는 60일은 계획·도움닫기·최종 마무리 기간, 게으름을 피워도 괜찮은 20일은 완충 기간 또는 각 기간을 잇는 연결 기간으로 설정한다.

여유를 두고 스케줄을 짠다

100일 계획을 다섯 개의 기간으로 나누는 목적은 초반의 몇십 일 동안 목표의 대부분을 달성해서 후반부에 여유를 두고 완성도를 높이는 데 있다. 스케줄상 초반에 최고점을 찍는다는 생각으로 불도저처럼 밀어붙이고, 달성 정도에 따라서 그 이후의 행동을 생각하는 것이다. 그리고 자신의 내적 유혹과 갈등을 의식하면서 당초에 예상했던 것 이상으로 노력한 날과 겨우 스케줄대로 노력한 날을 조정하여 최종적으로 스케줄의 균형을 잘 맞추도록 한다.

여기서 특히 중요한 것은 우리가 '인간'이라는 점을 감안하고, 여유와 융통성을 가지고 실현 가능한 계획을 세워야 한다는 점이다. 너무 빠듯하게 스케줄을 짜지 말고 이래도 되나 싶을 정도로 여유를 확보하는 것이 중요하다. 실제로 계획을 세울 때 기계와 인간이 어떻게 다른지 비교해서 생각해 보자. 예를 들어 식기를 만드는 경우 기계는 한 치의 오차도 없이 동일한 사이즈로 단시간에 대량 생산이 가능하다. 그래서 생산 계획을 쉽게 세울 수 있다. 하루에 식기 1,000개를 생산할 수 있는 기계를 사용하면 기계 고장과 같은 돌발 상황이 발생하지 않는 한 100일이 지나면 10만 개의 식기 생산이 가능하다고 예측할 수 있다.

이와 동일한 작업을 인간이 하면 어떨까? 식기의 양과 질이 기계로 생산할 때와 다르게 들쑥날쑥 일정하지 않을 수밖에 없다. 작업이 하고 싶지 않거나 체력이 받쳐 주지 않는 날도 있을 테니 말이다. 이와 반대로 집중해서 평소보다 훨씬 더 많은 양을 만드는 날도 있을 것이다. 또한 수작업인 이상 한 치의 오차도 없이 똑같은 크기의 식기를 생산하는 것은 실현 불가능한 일이다. 대다수가 이는 당연하다고 생각할 것이다. 그러나 막상 계획을 세우다 보면 우리는 마치 자신이 지칠 줄 모르는 로봇인 것 마냥 규칙적으로 움직이게끔 1분의 여유도 없이 빠듯하게 스케줄을 짜는 모습을 쉽게 발견할 수 있다. 따라서 우리가 인간이라는 점을 항상 유념해야 한다.

그래프로 알아보는 100일 디자인

지금까지 살펴본 내용을 정리해서 100일간의 노력과 목표 달성도 사이의 관계를 한눈에 알아보기 쉽도록 그래프로 나타낸 것이 표 3-2이다(실생활 단위인 주 단위로 각 기간을 배분했다). 100일 디자인은 계획 기간에 계획을 세우고, 전반부인 도움닫기 기간과 골든타임 기간에 목표의 80퍼센트를 단숨에 달성하는 것을 지향한다. 그 이후에는 경험 곡선의 효과를 최대한으로 활용하여 서서히 노력하는 양을 줄이면서 목표의 100퍼센트를 달성한다.

100일 디자인이 이상적으로 진행된 경우에는 2주 정도의 완충 기간을 두고 목표를 달성한다는 계산이 나온다. 조금 의아할 수도 있지만 100일 디자인이 차질 없이 순조롭게 진행되면 100일도 채 되지 않아서 목표를 달성할 수 있다. 100일 디자인의 그래프를 보면서 목표를 달성하기 위해서 100일을 어떻게 보내면 좋을지에 대한 이미지를 대략 그려 보자.

앞으로는 각 기간의 주의점에 대해서 설명하고자 한다. 각론으로 들어가기 전에 유념했으면 하는 포인트에 대해서 잠시 살펴보자.

표 3-2. 100일 디자인 그래프

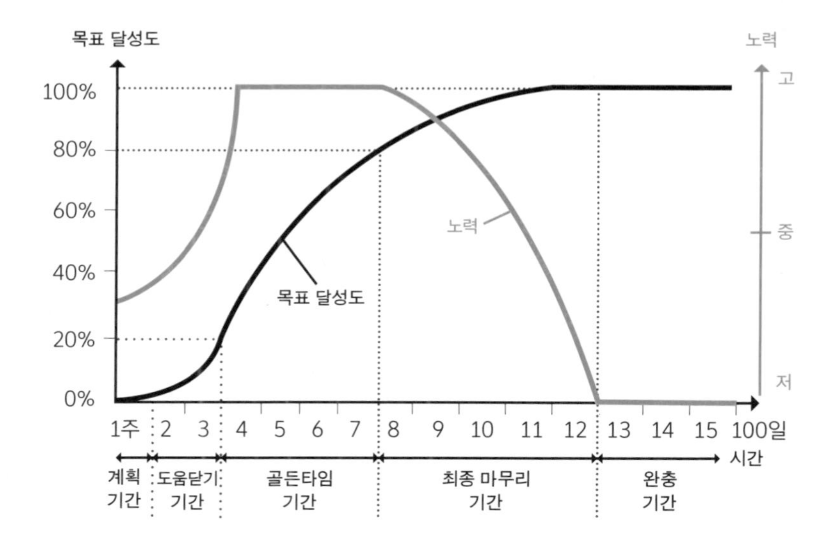

버릴 것과 허용할 것은 세트로 정하라

극단적인 행동은 오히려 역효과를 낳는다.
전체적인 효율을 높이려면 버릴 것과 허용할 것을 정한다.

선택은 버리는 것이기도 하다

우리가 어떤 목표를 세울 때 대개의 경우 목표를 달성하기 위해서 크든 작든 희생과 비용을 지불해야 한다. 우리가 목표를 달성하기도 전에 좌절하는 가장 큰 이유는 지불해야 할 희생과 비용의 무게를 견디지 못하기 때문이다.

더 구체적으로 생각해 보자. 만약 일과 병행해서 자격증을 따려고 목표를 세웠고, 매일 공부해야 한다고 하자. 다양한 지식을 암기하고 참고서를 풀고 이해하려면 집중할 시간을 일정하게 확보해야 한다. 그런데 자격증 공부에 시간을 100퍼센트 투자할 수 없는 상황에서 시간을 확보하려면 회식이나 데이트 등의 개인적인 시간을 희생해야 한다. 일상생활에서 아무런 희생도 없이 목표를 달성하는 것은 대부분의 경우 힘들다.

목표를 달성하려면 버리는 것이 필요하다

나는 '무언가를 얻기 위해서는 다른 무언가를 버려야 한다'는 사실을 전략 컨설팅 프로젝트를 통해서 배웠다. 사업 전략을 세울 때 컨설팅의 원칙 중 하나인 '선택과 집중'이라는 말이 있다. 이는 '기업에서 자사의 주력 사업 영역을 명확히 하고, 그 영역에 경영 자원을 집중적으로 투자하는 전략을 가리킨다'로 정의된다.

'집중'이라는 단어의 영향으로 많은 사람이 경영 자원에 주목하기 쉽다. 그러나 '선택과 집중'에서 정말 중요한 포인트는 무언가에 자원과 시간을 집중하기 위해서 그 이외의 어떤 것을 희생할 것인지에 있다.

기업이 인재, 자원, 금전 등의 한계가 있는 경영 자원을 어느 특정 선택지에 집중 투자하기 위해서는 다른 사업이나 부서에서 사용하는 자원을 끌고 와야 한다. 즉 무언가를 선택할 때는 이와 동시에 무언가를 버려야 하는 것이다. 그런데 무엇을 언제 버릴지를 잘못 결정하면 사업 전체가 마비되고 만다. 사업 전략의 성공 여부는 무엇을 선택할지와 마찬가지로 무엇을 버릴 것인지에 달렸다.

우리에게 주어진 하루도 24시간으로 한정적이다. 회사 업무나 개인적인 일은 매일 시간에 쫓기고, 새로운 일을 시작하기 위한 시간조차 확보하지 못하는 상황이 일반적이지 않은가? 그러나 목표를 달성하기 위해서는 정해진 시간의 일부를 목표를 위해서 할애해야 한다. 이는 시간을 활용하는 방법이나 지금의 생활 패턴을 어쩔 수 없이 바꿔야 하는 것을 뜻한다.

예를 들어, 매주 즐겁게 시청하던 TV 프로그램을 보지 않고 그 시간을 확보해야 하거나, 절약 차원에서 직접 반찬을 만들어 먹었지만 목표 달성 기간 중에는 반찬 가게를 이용하여 그 시간을 확보해야 할 수도 있다. 두 경우 모두 평소 일상생활에서 무의식적으로 해왔던 행동과 그에 소비했던 시간을 의식적으로 버림으로써 목표를 달성하기 위한 시간을 만들어 내는 것이 중요하다.

버리는 대신에 허용할 것을 정하라

목표 달성을 위해서 많은 것을 희생해야 하는 현실에 직면했을 때 우리의 반응은 양극화된다. 어떻게 해서든 목표를 달성하겠다며 결의를 다지는 사람이 있는가 하면 목표를 달성하기 위해서 이렇게 많은 것을 희생해야 하다니 불가능하다며 단념하는 사람도 있다. 대개의 경우 후자가 많다. 목표 달성 기간이 100일이라도 이를 위해서 희생을 감내하기란 상당히 힘든 일이다.

그래서 '자신에게 얼마나 허용해 줄 것인지'의 관점이 필요하다. 목표 달성을 위한 다양한 희생이 '당근과 채찍'에서 '채찍'이라면 희생의 대가로 어떤 '보상=당근'을 100일 동안 제공해야 한다. 목표 달성을 위해 열심히 노력하고 이를 위해서 참는 게 많으니 그 대신에 봐주거나 허용하는 부분을 남겨 두는 것이다. 예를 들어 나는 이번 책과 바로 직전에 낸 책을 3개월 만에 마쳤다. 이전 책은 황금 휴가였던 10주간을, 이번 책은 겨울 방학을 할애했다. 휴가 때 떠나는 여행을 버리고 집필을 선택한 것이다.

나는 여행을 가지 않는 희생을 하는 대신에 평소에 살이 찔까 봐 멀리했던 달콤한 군것질을 집필할 때 만큼은 마음껏 먹도록 스스로에게 허용했다. 평소와 다른 방법으로 뇌를 사용하여 글을 작성하니 칼로리를 더 많이 소모할 거라는 그럴싸한 핑계를 붙였다. 죄책감 없이 좋아하는 군것질을 마구 먹도록 봐준 것이다. 평소에 허용하지 않았던 행동을 해도 괜찮다고 허용하면 죄책감이 느껴질 수도 있다. 이러한 죄책감은 반대로 어떻게 해서든 목표를 달성해야 한다는 추진력이 되기도 한다.

이처럼 희생과 허용의 균형을 잘 조절하는 것이 목표 달성을 위한 전투태세를 취할 수 있는지에 대한 중요한 열쇠가 된다. 인간은 결코 강한 존재가 아니라는 점을 항상 명심하고 도망칠 구멍을 남겨 두는 것이 현명한 방법이다.

자신에게 딱 맞는 방법론은 왜 찾기 어려운가?

자신에게 적합한 목표 달성 방법을 선택하려면 어떻게 해야 할까?
일단 처음에는 후보를 샅샅이 찾는 것부터 시작해 보자.

어떻게 하면 효율적으로 방법론을 선택할 수 있을까

목표를 설정하고 실행하는 동안에 시간을 내서라도 반드시 생각해 봐야 할 것이 있다. 자신에게 맞는 방법론을 어떻게 선택할 것인지에 대해서다. 1장에서도 언급했듯이 우리가 달성하고자 하는 목표의 대부분은 지금까지 누군가가 이루었던 것이다. 목표를 달성하기 위한 노하우나 방법이 너무 많아서 그중에서 어떤 것을 선택하면 좋을지 고민할 수밖에 없다.

많고 많은 방법론 중에서 자신에게 딱 맞는 것을 찾아내기란 사실 쉬운 일이 아니다. 따라서 우리는 목표 달성을 고심하기 전에 준비 단계에서 목표를 달성하기 위한 방법을 충분히 조사하고 살펴볼 필요가 있다.

일단 모든 방법론을 가시화하라

그렇다면 자신에게 딱 맞는 방법론을 어떻게 선택하면 좋을까? 제일 처음으로 해야 할 일은 자신이 달성하고자 하는 목표와 관련해서 이 세상에 존재하는 방법론을 샅샅이 조사하는 것이다. 예를 들어 다이어트의 경우 요가, 필라테스, 지방 흡입, 식초 마시기 등 다양한 방법론이 있을 것이다. 시험 합격의 경우는 독학, 학원 수강, 교육 방송 청취, 인터넷 강의 듣기 등을 들 수 있다. 여러 방법론에 대한 정보를 수집해서 모두 종이에 적어 보자.

정보는 서점에 가거나 인터넷 검색을 하는 등 폭넓은 방법으로 수집할 수 있다. 이때 온라인에서 정보를 수집하는 것 못지않게 중요한 것이 오프라인상의 정보 수집이다. 목표를 달성한 사람에게 직접 이야기를 듣는 방법으로, 실제로 만나서 이야기를 들으면 목표를 달성한 사람만이 아는 포인트와 노하우를 전수받을 수 있다. 또한 성공한 사람의 생생한 목소리를 들으면 목표 달성을 향한 의자와 각오를 다질 수 있다는 의미에서도 매우 효과적이다.

정보를 어느 정도 수집했다면 모두 종이에 써서 정리해 보자. 수

집한 정보를 종이에 적으면 목표와 관련된 방법론의 전체적인 그림을 그릴 수 있다.

방법론을 여러 개 선택해서 패키지화한다

방법론을 모두 종이에 적었다면 그 다음으로 해야 할 일은 방법론을 그룹화하고 정리하는 작업이다. 다이어트를 예로 들면 요가와 필라테스는 운동 그룹, 식초 마시기와 같이 특정한 음식을 먹는 것은 섭취 그룹, 칼로리 계산은 식사 제한 그룹, 지방 흡입은 외과 시술 그룹 등으로 그룹화한다. 이렇게 그룹을 나누는 과정에서 각 방법론의 특징을 이해할 수 있다.

그룹화 작업이 끝났으면 이제 자신에게 적합할 것으로 생각되는 그룹을 모두 선택한다. 그리고 그중에서 하기 쉬운 것과 효과가 높을 것으로 판단되는 방법론을 여러 개 선택해서 자신의 목표 달성 패키지를 만든다. 예를 들어 다이어트의 경우 운동 그룹과 식사 제한 그룹 중에서 두 가지 방법론을 골라서 조합하는 식이다.

이렇게 방법론을 한 가지가 아니라 여러 가지를 선택하는 이유는 위험을 피하기 위해서다. 목표를 달성하기 위한 방법론을 한 가지로 좁혀 버리면 실제로 실행해 보고 잘되지 않았을 경우 만회할 기회조차 없어서 목표 달성에 실패할 확률이 높아진다.

하지만 방법론을 여러 개 조합하면 한 가지가 잘 안 되더라도 효과적인 다른 방법론의 비중을 높임으로써 목표 달성을 위한 노력과 행동을 계속 추진할 수 있다.

한편, 방법론을 선택할 때 동일한 그룹에서 여러 개를 선택하지 말고 가능하면 서로 다른 그룹에서 선택하는 편이 위험을 낮출 수 있다. 다이어트를 예로 들면 식사 제한 그룹과 운동 그룹의 방법론을 조합하는 경우가 식사 제한 그룹의 방법론으로만 조합하는 경우보다 자신에게 맞지 않을 때의 위험을 피할 수 있다. 그러나 한 가지가 아니라 여러 방법론을 선택하는 편이 좋다고 해서 너무 많이 선택하는 것은 금물이다. 과유불급이라고 너무 많은 방법론을 병용하면 어떤 방법론이 효과를 발휘하고 있는지 그 효과를 정확하게 평가하기 어렵다. 또한 실행할 때 부담도 커지므로 두세 가지 선에서 선택하도록 하자.

지치지 않는 방법론을 선택하는 법

'어떤 방법을 선택해도 이거다 하는 감이 오지 않는다….'
이런 고민을 해결하는 힌트는 한창 인기몰이 중인 프로그램에 있다.

그 방법론을 선택해도 평소와 같을 수 있는가

앞서 언급했듯이 목표 달성 계획을 세울 때 자신에게 딱 맞는 방법론을 선택하는 것은 매우 중요한 일이다. 그런데 '자신에게 딱 맞는 방법론을 선택하라'는 말을 들어도 어떻게 해야 할지 감이 잡히지 않는 사람도 있을 것이다. 이런 사람에게는 아무래도 판단 기준이 조금 더 필요할 것이다. 방법론이 자신에게 잘 맞는지 여부에는 감성적인 부분도 크게 작용하므로 논리적으로 정답을 끌어낼 수 없다. 그렇다고 판단을 위한 '기준'이 전혀 없는 것은 아니다. 여기서 말하는 '기준'은 자신이 그 방법론과 잘 맞고 잘 실천해 나갈 수 있느냐 하는 것이다.

혹시 아마존Amazon이 제공하는 〈더 바첼러The Bachelor〉라는 프로그램을 아는가? 이는 미국의 연애 리얼리티 프로그램이다. '바첼러'라고 불리는 재능을 겸비한 독신 남성 한 명을 둘러싸고 여러 여성들이 경쟁을 벌인다. 매회 한 명 혹은 여러 명의 여성이 탈락하고, 마지막 한 여성이 바첼러의 선택을 받는다. 이 프로그램은 일본에서도 제작되었는데 첫 번째 바첼러로 출연했던 한 남성의 인터뷰 기사를 읽은 적이 있다. 인터뷰 내용이 꽤 인상적이었기에 발췌한 내용을 소개하면 다음과 같다.

"프로그램에서 평소 모습대로 자연스럽게 행동하는 여성인지가 상당히 중요합니다. 사생활에서는 좋지 않은 면이 더 많을 겁니다. 있는 그대로의 제 모습을 자연스럽게 받아들여 주는 사람인지가 중요한 것이죠. 한 가지 더, 상대방과의 거리감도 서로 맞아야 한다고 생각합니다. 저는 교제할 때 상대방과의 거리감을 매우 중요하게 여깁니다. 조용히 있을 때, 즐겁게 대화를 나눌 때, 스킨십을 하고 싶을 때 등 서로 만족하는 거리감이 다르면 오히려 함께 있어서 피곤해질 테니까요."

연애에서 상대방을 선택하는 기준은 외모, 성격, 직업, 연봉 등 사람에 따라서 다양하다. 그런데 오랜 관계를 유지하는 데 가장 중요한 것은 함께 있어도 지치지 않는 상대방과의 궁합이 아닐까?

이는 우리가 목표 달성을 위한 방법론을 선택할 때도 마찬가지다. 즉 방법론을 선택할 때 당신은 큰 효과가 있거나 인기가 많은 것보다 자신이 기분 좋게 실천할 수 있고 쉽게 지치지 않는 것이 무엇인지를 고려해야 한다. 예를 들어, 먹는 것을 즐기는 사람이 다이어트를 할 때 식사 제한 방법론을 선택한다면 목표 달성을 위한 과정은 매우 가혹하고 힘든 시련이 될 것이다. 하지만 식사를 거르지 않는 저칼로리 식단을 선택하거나 운동에 중점을 둔 방법론을 선택한다면 스트레스도 덜 받고 실천하기 훨씬 수월할 것이다.

소거법은 가장 확실한 선택 방법이다

여기까지 자신에게 맞는 방법론을 '선택하라'고 말했는데 사실 그러기 위해서는 자신에게 맞지 않는다고 느꼈던 선택지를 버리는 방법이 훨씬 더 효과적이다. 앞서 소개했던 〈더 바첼러〉라는 프로그램은 매회 방송 마지막에 '로즈 세레모니'라는 코너를 진행한다. 여기서 한 명 혹은 여러 명의 여성이 탈락한다. 참가자 전원에서 한 명을 선택하는 것이 아니라 소거법을 사용하여 서서히 한 명으로 좁혀 나가는 방식을 취하는 것이다.

이와 같은 소거법은 일단 모든 방법론을 고려 대상으로 염두에 둔다. 자신의 어떤 부분과 맞지 않는지 살펴보고 정리함으로써 본인이 납득할 수 있는 방법론을 선택한다는 장점이 있다. 여러 선택지 중에서 직감으로 '이거다!'라며 마음에 드는 것을 적극적으로 선택하는 방식은 잘되지 않았을 경우 '다른 선택지를 생각해 뒀으면 좋았을 텐데' 하는 후회가 남기 쉽다. 특히 지금까지 경험해 보지 못한 분야의 목표를 설정한 경우 직감으로 방법론을 선택해 버리면 목표 달성의 성공률은 낮아질 수밖에 없다.

한편, 소거법을 활용한 경우는 모든 선택지에 대해서 '왜 자신이 이 선택지를 선택하지 않았는지'를 의식적으로 생각하고 이유를 붙여야 한다. 즉 자기 나름의 이유를 대고 마지막으로 남은 방법론 이외의 것을 '선택하지 않기로 선택하는 것'이다.

이런 단계를 거침으로써 최종적으로 남겨진 방법론에 대해서 우리는 스스로 이해와 납득, 자신감을 높일 수 있다. 또한 선택한 방법론이 잘되지 않을 때 자신이 내린 판단 기준의 어디가 잘못됐는지 이해하기 쉽고, '다음에 어떻게 해야 하는지' 반성하고 개선할 수 있다.

이런 방식으로 자신에게 딱 맞는 방법론을 합리적으로 선택해 나가는 것이 성공으로 가는 지름길이다.

4장.

실전! 100일 디자인 – 계획 기간

목표 달성 계획을 세울 때는 역산해서 생각하라

계획 기간의 포인트는 역산해서 스케줄을 세우는 것에 있다.
마감 기한을 의식하지 않고 계획을 세우면 후회하는 이유는?

계획 기간에도 요령이 있다

3장까지는 효율적으로 계획을 세우는 데 필요한 기본 개념에 대해서 설명했다. 이번 장에서는 100일 디자인의 각 단계에 대해서 구체적으로 살펴보고자 한다. 제일 먼저 첫 번째 단계인 '계획 기간'이다.

100일 디자인은 100일이라는 목표 달성 기간을 다음과 같이 다섯 개로 나누어 생각한다.

① 계획 기간

– 계획을 세우고 목적, 목표, 스케줄을 정리한다.

② 도움닫기 기간

- 목표를 위한 노력과 행동을 습관화하는 프로세스를 구축하고 준비한다.

③ 골든타임 기간

- 목표 달성을 위해 최고 속력으로 노력하고 행동한다.

④ 최종 마무리 기간

- 목표 달성을 향해서 노력의 완성도를 높인다.

⑤ 완충 기간

- ①~④에서 예상과 달리 시간이 더 소요됐을 때를 대비해서 여유를 마련한다.

계획 기간에는 목표 달성을 위해서 무엇을 어떻게 시간을 배분하여 진행할 것인지를 세운다. 계획 기간은 길어도 1주일 정도가 딱 좋다. 어디까지나 준비 단계로 너무 많은 시간을 할애할 필요는 없다. 다만 계획 기간을 건너뛰고 곧바로 실행 단계로 들어가는 것은 삼가야 한다.

스케줄을 역산해서 생각하는 이유

도움닫기 기간에서 완충 기간까지 시간을 배분할 때 중요한 포인트가 있다. 시간 배분을 앞에서부터 생각하는 것이 아니라 뒤에서

부터 역으로 생각하는 것이다. 보통 스케줄을 짤 때 우리는 막연하게 첫째 날에 해야 할 일을 먼저 생각하고, 시간의 순서대로 일정을 세운다. 이러한 방식을 '포캐스팅forecasting'이라고 한다.

그런데 정해진 시간 안에 많은 일을 해야 하는 경우 포캐스팅 방식에는 큰 약점이 있다. 하고 싶은 일이나 해야 할 일을 스케줄 초반부터 넣다 보면 일정을 빠듯하게 잡게 된다. 이는 기한 내에 끝내지 못하는 계획으로 이어진다.

이런 사태를 막기 위해서 이루고자 하는 목표에서 거꾸로 스케줄을 짜는 방식이 있다. 이를 '백캐스팅backcasting'이라고 한다. 포캐스팅은 자신의 현재 상황에서 다양한 개선책을 구축하여 기한까지 목표에 도달하는 방식이다. 백캐스팅은 목표를 달성한 상태에서 거꾸로 역산해서 중간 시점에 어떤 일을 해야 하는지를 생각하는, 즉 미래의 관점에서 바라보는 발상법이다. 마지막 날에 목표를 달성한다는 관점으로 역산해서 생각함으로써 하고 싶은 일을 열거하는 쌓기형 발상을 차단할 수 있다. 또한 필요 최소한으로 무엇을 해야 하는지를 고려하면서 스케줄을 짤 수 있다.

백캐스팅을 통한 계획 책정은 목표와 기간이 정해져 있고, 그 기한까지 목표를 달성해야 하는 상황에서 효과적이다. 100일 디자인의 계획 책정 방법으로 적합한 이유다.

100일 계획에서 스케줄의 기본

그렇다면 백캐스팅을 활용해서 100일간의 계획을 어떻게 세우면 좋을까? '학습의 최고점을 전반 20일 정도에 찍는다', '계획에 여유를 두고 가변적일 수 있도록 한다' 등의 포인트를 고려하면서 스케줄 짜기를 공략해 보자.

일반적으로 100일 플랜이라고 하면 10일 단위로 자르는 것이 좋을 거라고 생각한다. 그런데 실제로 우리는 1주일 단위로 생활하므로 7일씩 끊어서 생각해 보자. 7일×14주=98일이므로 14주를 다섯 개의 기간에 배분한다.

앞에서 언급했던 프로젝트의 다섯 개 기간을 백캐스팅 방법을 활용하여 주 단위로 배분하면 다음과 같다.

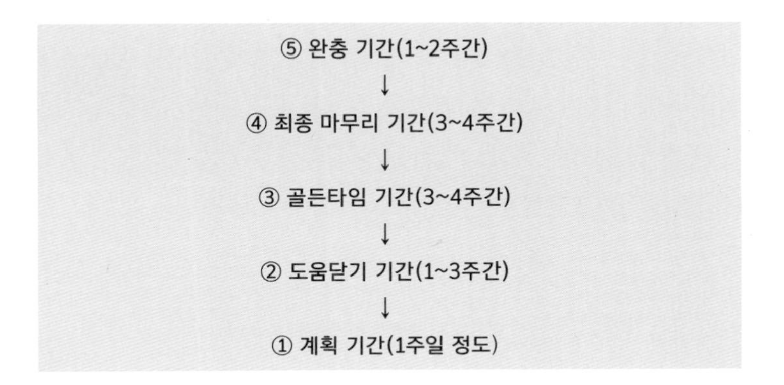

여기서 각 기간에 어느 정도 여유를 둔 이유는 달성하고자 하는 목표가 무엇인지에 따라서 각 기간에 필요한 기간이 달라지기 때문이다. 다섯 개의 기간을 더하면 약 100일인데 준비하는 데 시간을 더 할애할 것인지 아니면 최종 마무리하는 데 시간을 더 할애할 것인지는 목표 내용에 따라서 달라진다. 또한 첫 도전인 경우에는 완충 기간을 조금 더 길게 잡아서 여유를 넉넉히 두는 것이 좋다.

그리고 어느 기간에서 그다음 기간으로 넘어가는 날은 사전에 정해 둔다. 이 책에서는 기간이 바뀌는 전환점의 날을 '마일스톤'이라고 칭한다. 마일스톤은 100일간의 목표 달성이 어떻게 진척되고 있는지 그 상황을 확인하는 중간 목표 역할을 한다. 기간이 바뀌는 날은 몇 주마다 찾아온다. 이때마다 지나온 시간을 되돌아보는 기회를 가짐으로써 목표 달성을 위한 노력과 행동이 순조롭게 이루어지고 있는지를 파악할 수 있다. 설령 진척 상황이 좋지 않더라도 적절한 타이밍에 대처할 수 있다. 스케줄에 넣을 세세한 내용은 나중에 살펴보기로 한다. 여기서는 달성하고자 하는 목표에서 거꾸로 역산하는 백캐스팅 방식으로 스케줄을 작성하는 방법과 기간이 바뀌는 전환점을 마일스톤으로 설정한다는 것을 알아 두자.

기간을 길게 잡고 싶은 유혹을 이겨라

백캐스팅 방법으로 계획을 정리했어도 해야 할 일이 많아 100일 만에 끝내기 어려운 경우도 있을 것이다. 이럴 때 어떻게 해서든 100일 만에 스케줄을 마치기 위해 처음부터 완충 기간을 줄이고, 계획 기간이나 도움닫기 기간을 길게 배분하고 싶은 유혹에 빠지기 쉽다. 그러나 이는 반드시 피해야 한다. 계획 기간이나 도움닫기 기간은 본격적인 노력에 앞선 준비 단계에 지나지 않기 때문이다. 계획 기간을 길게 잡아 두고 이보다 빨리 준비가 끝나면 스케줄을 앞당겨서 다음 기간으로 넘어가면 된다고 생각하는 사람도 있을 것이다. 그런데 미리 길게 잡아놓으면 그만큼의 시간을 다 써 버리는 것이 인간의 습성이다. 이와 반대로 기간을 한정하면 그 기간 안에 해야 할 일을 끝내기 위해서 어떻게 움직여야 하는지 신중하게 고민한다. 그로 인해 새로운 아이디어가 나오기도 한다.

실제 사례로 20대 후반에 행정사 시험에 합격했던 나의 경험을 들어 보자. 나는 대학에서 법학을 전공하기도 했지만, 행정사 시험에 약 3개월 만에 합격했다. 단기간에 합격할 수 있었던 가장 큰 비결은 '계획 세우기 방법'이었다. 나는 단기간 합격을 목표로 계획을 세우기 위해 지난 몇 년간의 기출 문제를 시험 삼아 풀어 봤다. 당시 행정사 시험은 크게 법률 문제와 일반 지식 문제로 나뉘어 있었다. 실제로 지난 몇 년간의 기출 문제를 풀어 보니 일반 지식은 범위가 너무 넓어 공부하기 힘들었다. 반면 법률은 학습 범위를 좁히기도 쉽고, 대학에서 한 번 정도는 봤던 내용이 많아서 공부하기 수월할 것으로 판단되었다.

그래서 법률 쪽에 중점을 두기로 했다. 그중에서 문제 수가 적은 상법은 버리고 문제 수가 많은 헌법, 행정법, 그리고 한 번 이해하면 득점하기 쉬운 민법에 더 집중하는 전략을 세웠다. 대학에서 이 세 과목을 공부했던 적이 있고, 기초 지식이 있었던 것도 이런 계획을 세우는 데 결정적인 계기로 작용했다. 도움닫기 기간에서 골든타임 기간까지의 대부분을 이 세 과목에 투자한 결과 단기간에 합격할 수 있었다. 만일 단기간에 합격하겠다는 목적의식이 없었다면 아마도 시험 삼아서 기출 문제를 풀어 보지도 않았을 테고, 모든 과목을 공부하기 위해 안간힘을 쓰다가 합격까지 상당히 많은 시간이 소요됐을지도 모른다.

목표 달성을 위한 계획은 종이 한 장에 모두 정리하라

계획 기간에는 목표 달성 계획을 종이 한 장에 다 쓴다.
종이에 정리하는 행위에는 다양한 장점이 있다.

계획서는 A4 종이 한 장이면 충분하다

여기까지 목표를 달성하기 위해서 방법론을 어떻게 선택해야 하는지 그리고 스케줄 작성의 개념에 대해서 설명했다. 이를 기반으로 이제부터 실제 계획서를 작성해 보자. 개인적으로 세운 목표를 종이에 많이 적어 보았을 것이다. 그러나 계획서, 즉 목표를 달성하기 위해서 뭘 해야 하는지는 작성해 본 적이 거의 없을 것이다. 진심으로 100일 만에 목표를 달성하고 싶다면 계획서는 반드시 작성해야 한다.

계획서를 작성하면 100일 어떻게 보낼 것인지에 대한 '감'이 생긴다. 또한 100일 동안 하면 안 되는 것이 머릿속에 정리된다. 더 나아가 목표 달성을 향한 확고한 의지를 다질 수 있다. 그런데 막상 계획서를 작성하라고 하면 꽁무니부터 빼는 사람도 많다. 계획서라고 하면 파워포인트나 워드 문서로 정리한 여러 장의 계획서를 떠올리기 때문이다. 이런 계획서를 작성하려면 시간과 노력이 필요하니 귀찮게 느껴지는 것은 당연하다. 그래서 A4 종이 한 장에 필요한 모든 정보를 적는 획기적인 계획서 작성법을 소개한다.

나는 전략 컨설턴트로 근무했을 당시 계획서를 종이 한 장에 정리하여 진척 상황을 관리하는 프로젝트 관리 서비스를 제공했다. 가령 두 개의 기업이 한 개의 기업으로 합병을 진행하는 경우 관련 부문마다 일일이 사업을 통합해야 한다. 우리 팀은 이를 위한 계획 책정이나 사업 통합 후의 100일 플랜 책정을 지원했다. 경영진에게 사업 통합 계획을 비롯한 진척 상황이나 과제를 보고할 때 사업부마다 A4 용지 1장으로 끝냈다.

방대한 정보를 종이 한 장에 집약해서 정말 중요한 사항만 전체 흐름 속에서 파악할 수 있도록 한 것이다. 이렇게 하면 진척 상황이 순조로운지, 해결 과제가 심각한 것인지 등이 잘 드러나 파악에 용이하다. 계획서를 종이 한 장으로 정리하는 방법은 컨설팅 이외의 분야에서도 그 유효성을 인정받고 있다. 일본의 자동차 회사 도요타 등에서도 사업 계획을 종이 한 장으로 가시화하고 있다.

나는 이 방법에 나만의 방식을 더하여 종이 앞뒷면을 활용하는 방법을 소개하고자 한다. 앞면에는 '목적과 목표'를, 뒷면에는 '방법론과 스케줄'을 적어 머릿속에 깔끔하게 정리하는 방법이다.

계획서 앞면에 담을 다섯 가지 요소

계획서 앞면에 기재할 내용에 대해서 살펴보자. 앞면에는 '목적과 목표'와 관련된 다음의 다섯 가지 항목을 기재한다.

① 달성하고자 하는 '목표'

② 목표를 달성한 후에 도달하는 '목적'

③ 목표를 달성한 자신의 달라진 '모습(이미지화)'

④ 목표를 달성하는 대가로 '버리는 것'

⑤ 자신을 격려하기 위해서 '허용하는 것'

①의 '목표'와 ②의 목표 달성 후 도달하는 '목적'을 기재하는 것은 너무도 당연하다. 특히 목표 달성 후 도달하는 목적을 명확하게 기재하면 자신에게 계획이 얼마나 중요한지 정확하게 인식할 수 있다. 포기하고 싶은 생각이 들거나 이걸 왜 하고 있지 하는 회의가 느껴질 때 마음을 다잡을 수 있다.

③의 목표를 달성했을 때 달라진 자신의 모습을 이미지화하는 것

은 목표나 목적을 마음속에 깊이 새기는 방법으로 매우 효과적이다. '이미지화'에 대해서는 나중에 자세히 설명하도록 하겠다.

④의 목표를 달성하기 위해서 '버리는 것'과 ⑤의 '허용하는 것'은 앞에서 설명한 바와 같다. 계획을 세울 때 명확하게 기재해 두면 100일 동안에 이를 의식하면서 노력과 행동을 지속해 나갈 수 있다.

목표를 달성한 자신의 모습을 기사화하라!

앞서 구체적으로 설명하지 않았던 ③의 '이미지화'를 계획서에 어떻게 작성하면 좋을지 그 요령을 소개하도록 하겠다. 여기서 말하는 '이미지화'란 목표를 달성한 자신의 상황을 '기사처럼 쓰는 것'을 가리킨다. 실제로 목표를 달성한 자신의 모습을 기사처럼 작성하는 방법은 컨설팅 프로젝트에서도 다양한 관계자의 시선을 한데 모으는 기법으로 활용하고 있다.

예를 들어 기업 통합처럼 수많은 관계자가 얽힌 프로젝트에서는 목표 및 목적에 대한 공통의 이해를 갖는 것이 매우 중요하다. 그렇지 않으면 목표를 세우고 그것을 달성했을 때 목적의 관점에서 목표 달성이 진정한 가치가 있는 것이었는지 평가하기 어렵다. 또한 도중에 눈앞의 목표를 변경해야 할 때도 관계자가 같은 방향을 바라보고 있지 않으면 판단 기준이 서로 다르기에 선택지도 달라질 수밖에 없다. 이런 사태를 피하려면 프로젝트를 시작할 때 미리 목표가 달성된 상황을 이미지화하는 것이 좋다. 스스로가 '기자'라는 생각으로 뉴스 기사처럼 써 보는 방법이 효과적이다.

다음의 표 4-1은 다이어트를 예로 목표를 달성한 자신의 모습을 이미지화한 것이다. 조금 부끄러울 수도 있겠지만 기사처럼 써 보는 과정을 거치면 목표 달성이 자신에게 얼마나 중요한지 그리고 자신이 목표를 달성함으로써 얼마나 행복해질 수 있는지를 구체적으로 인지할 수 있다. 또한 100일간의 계획을 실행하는 도중에 목적을 잃고 방황할 경우 초심으로 돌아가서 마음을 다잡을 수 있다.

이처럼 다섯 가지 요소를 A4 용지 앞면에 기재하면 자신의 목표와 목적이 무엇인지, 이를 실현하면 자신의 인생이 어떻게 달라지는지, 이를 이루기 위해서 무엇을 희생하고 무엇을 허용해야 하는지 등 중요 포인트가 모두 정리된다. 또한 이런 정리 작업을 통해서 목표를 실현해야 하는 이유를 깊이 납득할 수 있다. 이런 납득이 자신의 내면에 자리 잡히면 비로소 아주 적합한 형태로 목표가 설정되었다고 말할 수 있다.

표 4-1. 기사 이미지화

○○씨, 100일 만에 3kg 감량에 성공

도쿄에 사는 ○○씨가 100일 만에 다이어트에 성공했다. 이번이 세 번째 도전으로 3kg을 감량하는 첫 쾌거를 올렸다. 이전에는 식사를 제한하는 방법으로 특히 밤 10시 이후에 간식을 삼가기로 정했으나 평일에 늘어난 야근으로 목표 달성에 실패하고 말았다. 그래서 이번에는 방법을 바꾸어 식사량을 조절하고 주말에 운동량을 늘리는 방법을 택했다고 한다.

이번 도전을 포기하지 않고 끝까지 이루어 낼 수 있었던 것은 한눈에 반한 웨딩드레스를 입고 싶다는 바람 덕분이었다. 포기하고 싶을 때도 많았지만 예쁜 웨딩드레스를 입은 자신의 모습을 떠올리면서 이겨냈다고 한다. 초반 30일 동안 자신의 속도를 파악하고, 전반에서 후반으로 넘어가는 50일 단계에서 2.5kg을 감량하는 데 성공했다. 후반 50일 동안에도 요요가 오지 않도록 조심하면서 나머지 0.5kg 감량에 최선을 다했다. 2.5kg 감량에 성공한 시점에서 이미 목표했던 웨딩드레스를 입을 수 있었지만, 조금 더 맵시 있게 입고 싶다는 생각에 최종 목표에 도달할 수 있었다고 한다.

목표 설정이 쉬워지는 일곱 가지 요령

계획을 종이 한 장에 정리하는 것은 의외로 어렵다.
목표 설정이 극적으로 쉬워지는 일곱 가지 요령을 소개한다.

목표 설정은 SMART하게 한다

목표 내용을 계획서에 얼마나 정확하게 정의할 것인지는 매우 중요한 부분이므로 자세하게 설명하도록 하겠다. 목표를 세울 때 참고해야 할 것이 'SMART'이다. '목표 설정에 중요한 다섯 가지 포인트'로 영어의 앞 글자를 딴 것이다.

포인트①: Specific(구체적인)

– 누가 읽어도 알기 쉽도록 명확하고 구체적인 표현과 단어를 구사한다.

포인트②: Measurable(측정 가능한)

- 목표 설정의 정도를 판단할 수 있도록 내용을 정량화해서 나타낸다.

포인트③: Achievable(달성 가능한)

- 목표가 희망이나 바람이 아닌 달성 가능한 현실적인 내용인지 확인한다.

포인트④: Related(목적에 맞는)

- 설정한 목표가 앞으로 도달하고자 하는 목적에 부합하는 것이어야 한다.

포인트⑤: Time-bound(시간 제약이 있는)

- 목표를 언제까지 달성할 것인지 그 기한을 정한다.

알기 쉽게 설명하면 '목표가 구체적인지', '측정 가능한지', '달성 가능한지', '(앞으로 도달하고자 하는) 목적에 부합하는지', '기한을 정했는지' 등 다섯 개의 질문을 통해서 완벽하게 목표를 설정할 수 있다.

달성 가능성을 스스로 측정하는 버릇을 들인다

다섯 개의 포인트 중 특히 판단하기 어려운 것이 '포인트③: 달성 가능성'이다. 사람은 자신을 과소평가 또는 과대평가하기 쉬운 존재이다. 따라서 달성 가능성을 혼자 판단하기 어려운 부분이 있다. 그렇지만 현재 자신이 달성 가능하다고 생각하는 목표를 자신의 의사와 판단으로 설정해 나가는 작업은 큰 의미가 있다. 설령 처음에 적절한 목표 설정에 실패했더라도 스스로를 평가하는 것을 여러 번 반복함으로써 자신에 대해서 더 잘 이해할 수 있다. 그리고 실현 가능하면서 '분수에 맞는' 목표를 설정하는 감을 기를 수 있다.

'분수에 맞는'이라는 표현에 대해 어쩌면 부정적인 이미지를 떠올릴 수도 있을 것이다. 그러나 이 책에서는 자신에 대해서 정확하게 이해한다는 관점에서 오히려 긍정적인 단어로 사용한다. 자신의 분수를 안다는 것은 목표를 달성하기 위한 노력과 행동을 통해서 자신이 얻는 것과 잃는 것을 평가하는 것이다. 그 결과 자신이 목표 달성을 위한 100일간의 과정을 감내할 수 있는지 냉정하게 객관적으로 판단할 수 있게 된다. 우리에게 중요한 것은 목표 달성을 통해 도달하고자 하는 목적을 이루고, 자기수용과 자기긍정감을 키워 삶을 풍요롭게 만드는 일이다. 실현 불가능한 목표를 세워 자기긍정감을 잃지 않도록 '적절한 노력을 통해 충분히 달성할 수 있는 선'을 스스로 파악하는 것이 중요하다.

타인의 평가를 판단의 기준으로 삼지 말자

목표를 설정할 때의 세 번째 요령은 목표 달성 여부를 타인의 주관적인 판단에 맡기지 않는 것이다. 예를 들어 다이어트의 경우 목표가 '○○kg을 빼자' 또는 '△△인치 허리를 만들자'라면 이는 객관적으로 수치화된 지표이다. 따라서 '2kg을 뺐다면 목표인 3kg 감량까지 1kg이 남았다'와 같이 진척 상황을 평가하기 수월하다.

만약 다이어트의 목표를 남자친구에게 '살 빠졌다는 칭찬을 받는다'와 같이 누군가의 주관적인 판단을 기준으로 삼으면 어떨까? 남자친구에게 '조금만 더 뺐으면 좋겠다'는 말을 들어도 도대체 몇 kg을 더 빼면 칭찬을 받을 수 있는지 판단하기 어렵다. 또한 남자친구의 기분에 따라서 오늘의 생각과 내일의 생각이 달라질 수 있다. 물론 극단적인 예일 수도 있지만, 타인의 주관적인 판단은 측정이 어렵고 그날의 상황과 기분에 따라서 기복이 크다.

우리는 타인의 평가나 행동을 통제할 수 없다. 훌륭한 성과를 냈다고 해서 반드시 타인에게 칭찬을 받거나 높은 평가를 받는 것도 아니다. 따라서 목표를 세울 때는 반드시 객관적으로 평가받을 수 있는 것을 선택해야 한다.

목표를 달성하지 못했을 때도 이미지화해 본다

설정한 목표가 자신에게 얼마만큼의 가치가 있는 것인지 판단하는 효과적인 방법으로 '목표를 달성하지 못했을 때의 자신의 모습'을 이미지화해 보는 방법이 있다. 100일 동안 열심히 노력했지만, 안타깝게도 달성하지 못했을 경우를 생각해 보는 것이다. 어떤 기분일지, 목표 달성의 실패가 이루고자 하는 미래의 목적 달성에 어떤 영향을 미칠지, 실패한 경험을 발판 삼아 다시 같은 목표에 도전할 것인지 아니면 전혀 다른 목표를 세울 것인지 등을 생각해 본다.

목표 달성에 실패한 자신의 모습을 이지미화했을 때 '다시 한번 도전해서 반드시 달성하고 싶다', '목적을 이루기 위해서는 필수적인 목표다' 등의 감정이 솟아오른다면 그 목표 설정은 매우 적절하다고 볼 수 있다. 한편, '달성하지 못했지만 그렇게까지 억울하지 않다', '목적을 이루기 위해서 어쩌면 필요 없었는지도 모른다', '한번 안 됐으면 포기할 것 같다' 등의 감정이 든다면 더 적극적으로 도전할 수 있는 다른 목표를 고려해 보는 편이 낫다.

애인과 이별한 후에 자신에게 얼마나 소중한 사람이었는지 새삼 깨닫는 것처럼 목표 달성에 실패한 자신의 모습을 이미지화해 보는 것 역시 자신에게 소중한 것이 무엇인지를 깨닫는 방법 중 하나이다.

목표를 사진이나 동영상으로 이미지화한다

목표를 구체적으로 이미지화하는 효과적인 방법으로 '목표 달성의 결과를 상징하는 사진이나 그림, 표 등을 계획서에 붙이는 방법'이 있다. 글자는 정보를 정확하게 전달하는 데 용이하지만, 글을 읽고 내용을 파악하는 노력이 필요하다. 반면에 사진이나 동영상은 보는 것만으로도 많은 정보가 전달된다.

예를 들어, 미국의 그랜드 캐니언Grand Canyon을 본 적도 가 본 적도 없는 사람에게 그곳을 설명해야 한다고 하자. 만일 그랜드 캐니언을 글로 설명해야 한다면 '끝없이 펼쳐지는 절경의 계곡', '콜로라도강이 약 25억 년에 걸쳐서 만들어 낸 장대한 규모의 지형', '미국 최초로 국립공원 및 세계유산으로 지정된 곳' 등으로 표현할 수밖에 없다. 이러한 표현으로 그랜드 캐니언이 대단한 곳이라는 사실은 전달되겠지만, 과연 그랜드 캐니언의 실제 모습과 매력도 전달될까? 만약 글 대신에 그랜드 캐니언의 사진을 한 장 보여 주면 어떨까? '절경의 계곡', '장대한 규모의 지형', '세계유산'으로 묘사된 매력이 한 번에 전달되고 얼마나 대단한 곳인지 바로 이해할 수 있을 것이다.

이런 '영상의 힘'을 활용하여 자신의 목표, 더 나아가 궁극적으로 도달하고자 하는 목적을 이미지화할 수 있는 사진, 그림, 표 등이 있다면 계획서에 붙여 보자. 예를 들어 입시 준비를 할 때는 희망 대학교의 사진을, 다이어트를 할 때는 워너비 몸매를 가진 모델의 사진을 붙여 두면 꽤 효과적이다. 힘들고 귀찮아서 다 때려치우고 싶을 때 계획서를 보면서 목표와 목적을 이루기 위해서 다시금 마음을 다잡고 의욕을 불태울 수 있다.

그 목표는 0/1 목표인가? 단계적인 목표인가

목표를 설정할 때, 목표에는 두 가지 유형이 있다는 점을 알아 두어야 한다. 이는 '0/1 목표'와 '단계적인 목표'이다.

0/1 목표의 예로 가장 이해하기 쉬운 것이 바로 시험 합격이다. 시험은 합격, 불합격의 양자택일로 명확하게 나뉘어 있다. 스케줄대로 열심히 공부했지만, 불합격이라면 목표 달성에 실패한 것이다. 반대로 도중에 공부를 게을리했는데도 운 좋게 합격했다면 목표를 달성한 것이다. 단계적인 목표의 예로는 다이어트를 들 수 있다. 예를 들어 3kg을 감량하겠다는 다이어트 목표를 세웠는데 2kg밖에 빼지 못했다면 목표는 달성하지 못한 것이다. 하지만 2kg을 뺀 노력이 허사로 돌아가는 것이 아니라 목적을 향해서 일정한 성과를 냈다고 볼 수 있다.

만일 당신이 세운 목표가 단계적인 목표라면 이번에 설정한 100일이 지난 후에도 지속적으로 효과와 성과를 내는 선순환의 구조를 만드는 것도 하나의 목표가 될 수 있다. 감량 목표를 세우고 성공했더라도 이후 만일 요요현상이 찾아온다면 아무런 의미가 없지 않은가? 또한 건강 검진에서 담당 의사가 체중 감량을 권장한 경우에도 지속적인 체중 관리가 필요하다. 단계적인 목표의 경우 100일이 지난 후에도 지속적으로 효과를 유지할 수 있는지, 더 나은 방향으로 개선할 수 있는지를 계획 단계에서 고려하는 것이 좋다.

또한 얼핏 보기에 단계적인 목표인 것 같아도 최종 목적에 따라서 실제로 0/1 목표인 경우도 있다. 3kg 감량이라는 목표를 세웠어도 그 목적이 마음에 드는 웨딩드레스를 입는 것인 경우, 웨딩드레스가 맞지 않으면 의미가 없으므로 0/1 목표가 된다. 이처럼 목적을 어떻게 정의하느냐에 따라 목표의 유형이 크게 달라지므로 목적으로 되돌아가서 생각해 보는 것이 때로는 중요하다.

목표 설정에 절대적인 정답은 없다

목표 설정과 관련해서 마지막으로 '목표 설정에 절대적인 정답은 없다'는 점을 설명하고 싶다. 우리는 무슨 일에든 항상 정답이 있다고 생각하기 쉽다. 학교에서 내 준 문제에는 반드시 정답이 있었다. 이런 경험으로 목적에 도달할 수 있게 해 주는 목표는 하나밖에 없을 거라고 생각한다. 그리고 '과연 이 목표가 목적 달성으로 이어지는 단 하나의 정답일까?'를 걱정하고 불안해한다.

다소 냉소적으로 들릴지 모르지만, 목표 A와 목표 B 중에서 어떤 것이 목적에 도달하는 데 수월할지는 실제로 해 보지 않으면 판단하기 어렵다. 또한 목표 A와 목표 B 중에서 어느 쪽이 적절할지는 사람마다 다르다. 물론 적절한 목표를 세우는 일은 매우 중요하다. 하지만 보다 좋은 목표가 무엇인지 계속 고민하고 찾아 헤매는 것보다 맞을 것 같은 목표가 보이면 빠르게 행동에 나서는 편이 결과적으로 더 빠르게 목적에 도달할 수 있다.

예를 들어 '회사를 크게 키우고 싶다'라는 목적을 달성하기 위해서는 '매출을 올린다', '비용을 삭감한다', '업무 방식의 개혁을 추친한다' 등을 목표로 생각해 볼 수 있다. 컨설턴트로 근무했던 나의 경험에 비추어 말하면 이러한 목표를 선택하고 이를 검토하느라 많은 시간을 할애하는 기업은 실패할 확률이 높다. 하나하나 따져보는 것보다 오히려 어느 정도 직감으로 우선순위를 정하고 빠르게 추진하는 기업이 결과적으로 성장하는 경우가 많았다.

목표 설정이 맞는지 아닌지를 검토하느라 시간만 보내고 행동에 나서지 않는 것보다 노력 여하에 따라 나중에 정답일지 아닐지는 판가름 날 테니 일단 빠르게 움직이는 편이 결과적으로 좋다는 것을 명심하길 바란다.

계획서 뒷면에는 방법론과 스케줄을 정리하라

계획서 앞면을 작성했다면 다음은 뒷면이다.
뒷면에는 보다 자세한 방법론과 스케줄을 적는다.

방법론은 만다라트로 가시화해야 한다

여기까지 계획서 앞면에 '목표와 목적'을 적는 방법에 대해서 설명했다. 이제 계획서 뒷면에 적을 내용에 대해서 알아보자. 뒷면에는 앞면에 기재했던 목표와 목적을 어떻게 실현할 것인지에 관한 '방법론과 스케줄'을 정리한다.

일단 뒷면에 기재할 사항은 목표를 달성하기 위해서 채택할 '방법론'이다. 방법론은 앞에서 언급한 바와 같이 두세 가지를 조합한다. 실행하는 데 채택하지 않은 방법론 중에서 중요한 것은 정리해서 적어 두는 게 좋다. 이렇게 해 두면 자신이 어떤 방법론을 후보로 뽑았고, 왜 다른 후보를 버렸는지를 가시화할 수 있다. 또한 선택한 방법론이 만일 잘되지 않아 다른 방법론을 시도해야 할 때 원인을 분석하고 그 결과에 기초해서 새로운 방법론을 선택할 수 있다.

나는 방법론을 정리하는 데 '만다라트(연꽃 기법)'를 응용한 방법을 추천하고 싶다. 만다라트는 만다라 모양처럼 칸을 만들어서 한 칸에 아이디어를 하나씩 기입하는 것으로, 아이디어를 정리하고 확장하는 등 사고의 깊이를 더할 수 있는 기법이다. 메이저 리그의 일본인 선수 오오타니 쇼헤이(大谷翔平)가 고교 시절에 만다라트를 활용하여 자신의 꿈에 대한 생각을 정리하고 실행에 옮긴 것이 한때 큰 화제를 불러 모으기도 했다.

만다라트는 정중앙의 칸에 목표를 적고, 주변 칸에 목표를 실현하기 위한 여덟 가지 방법을 적는다. '3kg 감량 목표'를 예로 만다라트를 완성했다(표 4-2).

만다라트를 활용할 때 나만의 방식을 소개하면 가로축은 서로 비슷한 것끼리 그룹화하고 세로축은 난이도에 따라 정리해서 적는다. 이렇게 하면 어떤 그룹에서 방법론을 선택했는지, 선택한 방법론의 그룹이 겹치지 않는지 한눈에 볼 수 있다. 또한 방법론마다 자신이 느끼는 난이도를 정리하면 현재 자신이 목표 달성에 불필요한 노력을 하고 있는지 여부도 파악할 수 있다.

표 4-2. '3kg 감량'의 만다라트

	운동 그룹	타력본원* 그룹	식사 제한 그룹
Hard	기구 트레이닝	지방 흡입	영양소 제한
Medium	운동한다	3kg 감량	한 끼를 굶는다
Easy	스트레칭	에스테닉	칼로리를 줄인다

* 다른 사람에게 기대어 일을 성취함.

필요하다면 만다라트를 세분화한다

표 4-2의 만다라트에서 다이어트 방법론으로 '운동한다'+'칼로리를 줄인다' 두 가지를 선택했다고 하자. 그런데 막상 '운동한다'와 '칼로리를 줄인다'를 실행하려고 하니 어떻게 해야 할지 막막할 수 있다. 이럴 때는 만다라트를 보다 상세하게 작성하는 것이 도움이 된다. 표 4-3은 '운동한다'의 방법론을 세분화해서 작성한 만다라트의 예다.

이처럼 만다라트를 활용해서 방법론을 정리하고 단계적으로 세분화해 나가는 방법은 현실적인 목표를 설정하는 데도 효과적이다. 자신이 해야 할 일의 전체적인 그림을 뚜렷하게 그리지 못하면 비현실적인 목표를 세우는 우를 범하기 쉽다. 만다라트와 같은 프레임워크Framework(어떤 일에 대한 판단이나 결정을 위한 틀)를 활용하여 선택지를 하나씩 정리해 나가면 선택할 수 있는 방법론과 그 방법론으로 실현 가능한 목표를 보다 수월하게 설정할 수 있다.

표 4-3. '운동한다'의 만다라트

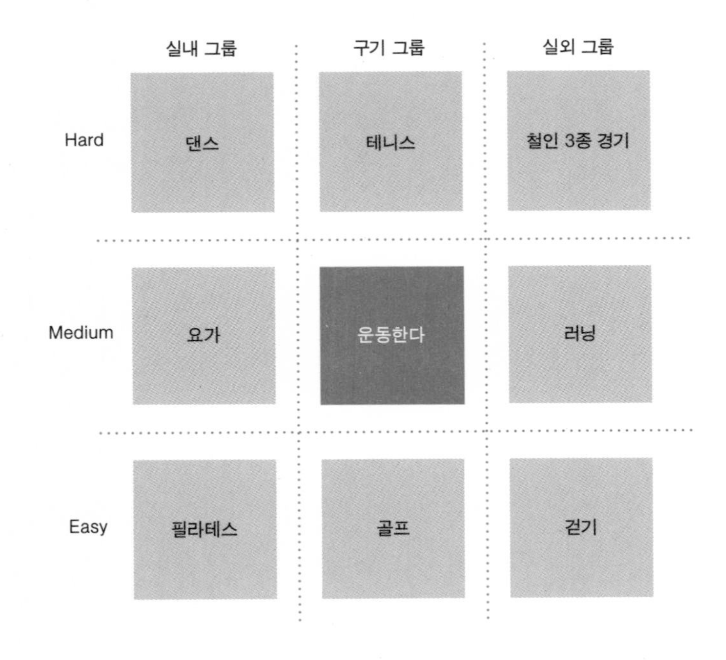

스케줄, 소목표, KPI는 세트로 기재한다

방법론과 세트로 뒷면에 기재해야 할 내용이 '스케줄'이다. 스케줄은 계획 기간부터 완충 기간까지 각 기간에 얼마만큼의 시간을 배분하고 어떻게 진행해 나갈 것인지를 적는 것이다. 적을 공간이 한정적이니 핵심 키워드를 중심으로 간단하게 기재하는 것이 중요하다. 이때 머릿속으로 무엇을 얼마 동안 진행할 것인지 상세하게 시뮬레이션해 보는 것이 좋다. 또한 키워드만 봐도 자신이 뭘 해야 하는지 바로 떠오르게끔 해 두면 목표 달성을 위한 노력과 행동을 착실하게 진행해 나갈 수 있다.

스케줄은 앞서 언급했듯이 미래를 기점으로 역산하는 백캐스팅 방식으로 작성하는 것이 원칙이다. 또한 계획 기간부터 완충 기간까지 다섯 개의 기간마다 소목표를 설정하고, 소목표의 달성도를 측정하는 마일스톤도 기입한다. 각 기간에 마일스톤으로 정한 소목표의 달성도를 측정하는 지표를 컨설팅 분야에서는 핵심 성과 지표Key Performance Indicator, KPI라고 부른다. KPI는 목표 달성을 위한 노력과 행동이 스케줄대로 잘 진행되고 있는지를 중간 단계에서도 객관적으로 평가할 수 있는 중요한 판단 자료가 된다.

KPI의 중점을 인풋에서 아웃풋으로 옮긴다

KPI의 특징 중 하나는 기간에 따라서 어떤 성질과 종류의 KPI를 설정해야 하는지가 달라진다는 점이다. 구체적으로 각 기간의 KPI를 다음과 같이 생각하면 효과적이다.

① 계획 기간의 KPI

– 계획을 기간 내에 책정했는가

② 도움닫기 기간의 KPI

– 목표 달성을 위한 행동을 습관화하고 매일 일정대로 잘하고 있는가

③ 골든타임 기간의 KPI

– 인풋의 양(자신의 행동과 노력의 정도, 예시: 매일 트레이닝을 몇 분이나 했는가)

④ 최종 마무리 기간의 KPI

– 아웃풋의 양(자신의 노력과 행동에 따른 결과, 예시: 몇 kg을 감량했는가)

⑤ 완충 기간의 KPI

– 완충 역할로 확보한 시간에서 얼마만큼을 썼는가

이와 같이 프로세스나 인풋 중심의 KPI에서 서서히 아웃풋 중심의 KPI로 이동하는 것이 포인트다.

그렇다면 각 기간의 KPI에 대해 자세하게 살펴보자. 일단 계획 기간의 KPI는 '계획을 기간 내에 책정했는가'로 KPI는 계획 그 자체이다. 계획을 세우는 것 자체가 소목표가 된다니 이상하다고 생각할 수 있다. 하지만 실행 가능한 계획을 세웠는지가 목표 달성에 큰 영향을 미치는 것을 감안하면 기간 내에 계획을 세우는 것도 의미 있는 KPI다.

다음으로 도움닫기 기간의 KPI는 '정한 프로세스를 일상생활에

적용해서 예정대로 잘 진행하고 있는가'이다. 도움닫기 기간에서는 목표 달성을 위한 행동을 습관화하는 것이 중요하므로 프로세스에 중점을 둔 KPI를 채택한다. 도움닫기 기간에 목표 달성을 위한 행동이 하나의 프로세스로서 잘 정착되었는지를 판단할 때는 매일 해야 할 행동을 잘 실천하고 있는지, 행동 자체가 신체적·심리적으로 버겁지 않은지 등을 파악하는 것도 중요하다. 매일 심신에 무리가 올 정도로 노력해야 하는 행동은 오래 지속할 수 없기에 이런 관점은 무엇보다 중요하다.

이미 눈치챘을지 모르겠지만, 지금까지 살펴본 바와 같이 계획 기간과 도움닫기 기간의 KPI는 정성적·감각적 경향이 강하다. 목표 달성을 위한 활동을 막 시작했을 때는 필요한 습관과 기술을 익히는 준비 운동을 통해 몸과 마음을 목표 달성에 적응시켜야 한다. 물론 목표 달성에 얼마나 가까워졌는지가 무척 궁금하겠지만, 그보다는 자신의 몸과 마음의 소리에 귀를 기울이면서 목표 달성을 위한 행동을 확실하게 습관화하는 것이 중요하다.

그러고 나서 골든타임 기간부터는 정량적인 KPI를 설정해 나간다. 이 기간에는 '인풋의 양', 즉 목표를 이루려는 행동을 얼마나 했는지를 KPI로 설정한다.

골든타임 기간에는 도움닫기 기간에서 습관화했던 목표 달성을 위한 행동을 반복하고 지속함으로써 활동량을 최대치로 끌어올리는 것이 중요하다. 이때 성과가 얼마나 나왔는지 알고 싶은 사람도 많을 테지만, 성과를 돌아보며 일희일비하지 않고 인풋에 집중하는 것이 골든타임 기간을 잘 보내는 방법이다.

최종 마무리 기간부터는 '아웃풋의 양'이 KPI가 된다. 이 기간에 설정하는 KPI는 100일 후에 달성해야 할 목표와 같다. 마지막 단계인 완충 기간에서는 시간이 KPI이다. 즉 완충 기간을 얼마나 남길 수 있었는지가 평가 기준이 된다.

여기까지 설명한 바와 같이 정성적인 KPI에서 정량적인 KPI로 100일 동안 서서히 이동하는 것이 중요하다. 만일 처음부터 정량적인 아웃풋을 설정하면 성과가 오르지 않아 자신감을 잃거나 자기혐오에 빠지는 등 목표 달성을 위한 노력이나 행동을 포기할 가능성이 있다.

따라서 첫 단계에서는 '잘하고 있다'는 자신감을 불어넣는 것에 중점을 두고 행동의 축적과 습관화에 집중해야 한다. 그런 후에 후반부에 들어가서 가차 없이 정량적인 성과를 되돌아보고, 아웃풋에 중점을 두는 자세가 중요하다.

이제까지 살펴본 내용을 바탕으로 다이어트를 예로 들어 KPI를 설정해 보자. 목표를 '3kg 감량'으로 정하고, '칼로리를 관리한다'와 '매일 근력 운동을 최소 15분간 한다'는 방법론을 택했다고 하자. 각 기간에 설정한 KPI의 예는 다음과 같다.

① 계획 기간의 KPI

- 100일 계획을 일주일 만에 세웠는가

② 도움닫기 기간의 KPI

- 섭취한 칼로리를 기입하고, 매일 근력 운동을 15분 이상 지속했는가

③ 골든타임 기간의 KPI

- 매일 섭취한 칼로리는 몇 칼로리 미만이었는가, 운동한 시간은 몇 분이었는가

④ 최종 마무리 기간의 KPI

- 목표 체중까지 몇 kg 남았는가

⑤ 완충 기간의 KPI

- 완충 기간으로 며칠이 남았는가

이제 당신도 각 기간에 KPI를 어떻게 설정하면 좋을지에 대해서 대충 감을 잡았으리라 생각한다.

한 장짜리 계획서는
이렇게 써야 한다

이번에는 100일 디자인 계획서의 실제 사례를 소개한다.
구체적인 목표 설정의 이미지를 표로 확인해 보자.

이 책을 100일 만에 쓰기 위한 계획서

지금까지 살펴본 내용을 보다 잘 이해하기 위해서 종이 한 장 계획서의 실제 사례를 소개하고자 한다. 표 4-4는 내가 이 책을 집필할 때 100일 만에 끝내는 것을 목표로 직접 작성했던 계획서다.

일단 계획서 앞면에 '목표', '목적', '이미지화(기사화)', '버릴 것', '허용하는 것' 등을 정리했다. 이 책을 쓰는 목적은 개인적인 경험을 통해 얻은 목표 달성 노하우를 다른 사람도 활용할 수 있도록 방법론으로 정리하는 데 있었다. 또한 이 책의 집필을 통해서 지금까지 직감적으로 해 왔던 100일 목표 달성을 체계화함으로써 목표 달성의 정밀도를 높이고 싶었다.

나는 집필 시간을 길게 확보할 수 있는 연말연시에 골든타임 기간을 보내고 싶다는 생각에서 여행을 포기하고 집필에 전념하기로 했다. 이것이 '버릴 것'에 해당한다. 한편, 크리스마스와 신정 연휴는 분위기라도 즐기고 싶었기에 맛있는 음식과 술은 참지 않고 마음껏 먹기로 했다. 이것이 '허용하는 것'에 해당한다.

이제 설정한 목표가 적합한지에 대해서 앞서 소개했던 SMART 프레임워크를 활용하여 검증해 보자.

- **포인트①: Specific(구체적인)**

  → 교열·교정을 마친다는 구체적인 목표가 설정되어 있다.
- **포인트②: Measurable(측정 가능한)**

  → 7만 자 이상이라는 구체적인 글자 수가 설정되어 있다.
- **포인트③: Achievable(달성 가능한)**

  → 과거의 집필 경험에서 하루 4천 자 정도는 무리 없이 쓸 수 있었다. 20일 동안 7만 자를 집필할 수 있을 것이다. 원고의 질은 초반 20일 동안 7만 자를 집필해서 그 이후에 세세한 부분을 수정해 나가면 충분히 대응할 수 있을 것으로 판단된다.
- **포인트④: Related(목적에 맞는)**

  → 익혀 온 목표 달성 기술을 문장화함으로써 독자는 물론 저자 역시 목표 달성의 질을 높일 수 있고, 향후 집필 과정에 큰 도움이 될 것이다.

- **포인트⑤: Time-bound(시간 제약이 있는)**

  → 100일이라는 기한이 설정되어 있다.

설정한 목표를 SMART 프레임워크로 검증하면 머릿속에 뒤엉켜 있던 목표와 목적이 명확하게 정리되어 이미지화할 수 있다.

표 4-4. 이 책의 목표 달성 계획서(앞면)

기간	2019년 12월 12일~2020년 3월 21일
목표	이 책의 집필을 시작하고 7만 자 이상의 원고를 완성한다.
목적	'100일 만에 목표를 달성하기 위한 방법론'을 체계화하여 보다 많은 사람에게 도움이 되는 노하우를 정리한다. 또한 나의 목표 달성의 질을 높인다.
기사	**나가타 히데토모, 새로운 목표 달성술 《100일을 디자인하라》 집필** 나가타 히데토모 씨는 이번에 《100일을 디자인하라》라는 책을 출간했다. 이 책은 목표를 세우지만 달성하지 못하는 사람들의 고충을 덜어주기 위해서 필자가 독자적으로 개발한 목표 달성 방법인 '100일 디자인'을 소개한다. 정치가, 컨설턴트로 활약하면서 경험한 프로젝트 매니지먼트 방법을 개인적인 목표 달성에도 활용할 수 있도록 체계화하여 연말연시 기간에 이 책을 완성했다.
버릴 것	연말연시에 떠나는 온천 여행
허용하는 것	맛있는 음식, 디저트, 술을 마음껏 먹고 마신다.

계획서 뒷면의 구체적인 이미지

다음으로 뒷면에 관해 살펴보자(표 4-5). 뒷면에는 책을 집필할 때의 방법론에 대해서 전체적인 그림을 그린 후에 최종적으로 선택한 방법론 세 가지에 ○를 쳤다.

보다 많은 사람이 읽기 쉬운 책이었으면 하는 목적을 달성하기 위해 컨설팅에서 활용하는 프레임워크나 프로젝트 매니지먼트 방법을 활용하되 전문가를 대상으로 한 내용으로 해설하는 선택지는 택하지 않았다. 하지만 개인적인 경험을 들어 설명하면 독자가 이해하기는 쉽지만 설득력이 부족할 수 있다는 생각에 개인적인 경험과 함께 컨설팅 방법을 친숙하게 설명하는 방향으로 집필하기로 했다. 이는 나에게도 새로운 집필 방식이라 내심 큰 도전이었기에 난이도는 미디엄(중)으로 설정했다.

한편, 책의 구성에 관한 선택지에는 독자에게 친숙하게 다가가기 위해 스토리를 구성하여 비즈니스 소설처럼 쓰는 방법이 있었다. 하지만 소설가가 아닌 나에게 이 방법은 스킬이 턱없이 부족하다는 판단하에 제외시켰다. 그 대신 항목으로 나누어 표제를 만들고 살을 붙여 나가는 컨설턴트 시절의 프레젠테이션 작성법과 같은 방법을 선택했다. 또한 집필 시간은 내가 아침형 인간이 아니라는 점 그리고 이동 시간에 업무 관련 메일을 읽거나 처리하는 경우가 많다는 점을 감안해서 저녁과 휴일에 집중해서 쓰기로 했다. 이렇게 방법론을 자세하게 정해 놓으면 그다음은 이를 실행하고 습관화하는 데만 집중하고 몰두할 수 있다.

덧붙여 집필 스타일은 과거에 서적을 집필했을 때의 경험을 바탕으로 나에게 가장 알맞은 방법을 택했다. 컨설팅 지식에 나의 경험을 접목시킬 수 있는 것에서 소재를 찾는 새로운 방법을 시도했다. 이처럼 계획을 세울 때는 기존의 방법으로 자신감을 가지고 노력할 수 있는 부분을 확보하면서 새로운 도전을 어떻게 극복할 것인지 등의 균형을 잘 잡는 것이 중요하다.

표 4-5. 이 책의 목표 달성 계획서(뒷면)

채택할 방법론

① 프로젝트 매니지먼트 방법에 기초해서 개인적인 경험을 소개함으로써 보다 이해하기 쉽게 한다.
② 항목으로 나눠서 표제를 작성하고 여기에 살을 붙이면서 내용을 보강해 나간다.
③ 저녁 취침 전에 단시간에 쓰고 휴일에 시간을 확보해서 집중적으로 집필한다.

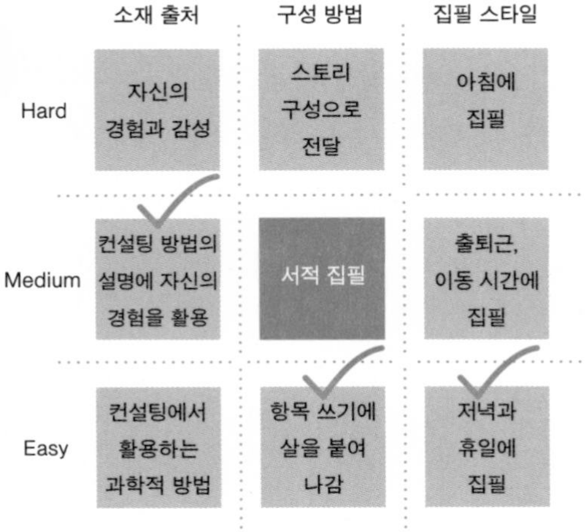

	소재 출처	구성 방법	집필 스타일
Hard	자신의 경험과 감성	스토리 구성으로 전달	아침에 집필
Medium	컨설팅 방법의 설명에 자신의 경험을 활용 ✓	서적 집필	출퇴근, 이동 시간에 집필
Easy	컨설팅에서 활용하는 과학적 방법	항목 쓰기에 살을 붙여 나감 ✓	저녁과 휴일에 집필 ✓

완충 기간 (3/1~3/21)	교열 재점검 및 책 디자인 확인 다시 집필해야 하는 상황이 발생했을 때의 완충 기간 KPI: 완충 기간의 여유 일수
최종 마무리 기간 (2/1~2/29)	논리 구성 확인 및 표현 수정 일주일에 두 장씩 확인 KPI: 첫 원고 내용을 출판사에 승인받는다.
골든타임 기간 (12/29~2/1)	초고를 완성 KPI: 매일 평균 4,000자 이상(일주일에 2,800자, 그중에서 주말에 2,000자를 집필하는 것이 목표), 최종적으로 7만 자를 넘긴다.
도움닫기 기간 (12/22~28)	목차 구성안을 완성(각 장의 표제로 목차가 구성된다.) '들어가며' 부분의 원고를 완성 KPI: 책을 쓸 때 단어 사용이나 논리 구성을 결정, 매일 집필하는 습관을 들인다.
계획 기간 (12/12~21)	서적 집필에 관한 정보 정리 및 집필 계획을 입안 KPI: 집필 계획을 완성한다.

자신의 상황에 맞춘 미세 조정도 잊지 않는다

뒷면에 다섯 개 기간의 소목표와 KPI를 정리했다. 여기서 주목해야 할 점은 도움닫기 기간을 짧게 잡은 것이다. 이 책은 내가 개인 명의로 집필하는 세 번째 저서이다. 집필 요령을 어느 정도 다져놓았기에 도움닫기 기간을 짧게 설정하고 그 대신에 완충 기간을 길게 잡았다.

도움닫기 기간을 짧게 설정한 또 다른 이유는 연말연시의 휴일 기간을 이용해서 빠르게 집필을 마치기 위함이다. 이렇게 작업 스케줄을 정리한 다음 스케줄에 어느 정도 여유를 확보하는 것이 100일 목표 달성의 중요한 열쇠다.

계획서는 항상 눈에 띄는 곳에 두어야 한다

여기까지 계획서를 작성하는 방법에 대해서 살펴봤다. 이 책의 출판 집필 활동도 대략 이 계획대로 진행하여 달성에 성공했다. 이렇듯 계획을 탄탄하게 세우고, 그 계획에 기초해서 시작을 잘했다면 이미 목표의 절반(반환점)은 이루었다고 해도 과언이 아니다. 마지막으로 계획을 세운 후 그 계획을 정기적으로 재점검하는 것이 왜 중요한지에 대해서 설명하고 싶다. 계획을 세우는 데만 만족하고 그 이후 계획을 되돌아보지 않으면 목표를 달성하고자 했던 의지가 사그라질 수 있다. 이를 방지하기 위해 항상 계획서를 눈에 보이는 곳에 두도록 하자. 이는 계획을 항상 심도 있게 재점검하려는 것이 아니다. 계획서의 존재를 항상 의식하고 자신이 100일 동안 어떤 목표를 달성하려고 노력 중인지 자각하기 위함이다.

그렇다면 계획서를 계속 의식하려면 어떻게 해야 할까? 예를 들어 종이 수첩을 쓰는 사람은 수첩 사이에 계획서를 접어서 끼워 두면 좋다. 수첩에 끼워 두면 수첩을 펼칠 때마다 계획서가 눈에 들어오게 된다. 만일 종이 수첩을 쓰는 사람이 아니라면 집 현관 열쇠를 보관하는 장소나 식탁 위에 계획서를 두는 것도 효과적이다. 일단 눈에 띄는 곳에 두면 보기 싫어도 어쩔 수 없이 보게 된다. 의식할 수밖에 없는 상황을 만드는 것이 목표를 달성하는 데 중요하다.

여기까지 계획을 세우는 방법과 계획서에 기재할 내용에 대해서 자세하게 설명했다. 다음 장부터는 실행 기간에 해야 할 구체적인 노력과 행동, 과제에 대해서 단계별로 알아보도록 하자.

5장.

실전! 100일 디자인 - 실행 기간

도움닫기 기간은
기본기를 다지는 수행 단계다

아무리 좋은 계획도 실행을 해야 의미가 있다.
여기서는 100일 디자인의 실행 요령을 안내한다.

습관화는 행동의 계기 마련이 관건이다

5장에서는 '도움닫기 기간', '골든타임 기간', '최종 마무리 기간', '완충 기간' 등 네 개의 기간에 대한 요령을 설명한다. 이 책에서 소개하는 100일 디자인의 프로세스는 무술에서 자주 사용하는 '수파리(守破離)'라는 개념과 공통점이 많다. 우리는 뭔가를 습득할 때 처음에는 스승의 생각과 가르침, 틀을 충실하게 지키면서 몸에 익히기 위해 열심히 연마한다. 이런 기본기를 다지는 수행 단계를 '수(守)'라고 한다. 기본 다지기가 끝나고 방법론을 익혔다면 다음으로는 그 방법을 어떻게 자신에게 맞는 방법으로 바꿔 나갈 것인지를 모색하기 시작한다. 이를 '파(破)'라고 한다. 그리고 마지막에는 스승과 유파의 틀에서 벗어나 자신의 독자성을 표현하는 시기가 찾아오는데 이를 '리(離)'라고 한다.

도움닫기 기간은 '수파리'의 '수'에 해당하는 기간이다. 예를 들어 골프를 시작했을 때 자기 스타일대로 공을 치면 실력이 오르지 않는다. 일단 스윙의 기초 이론을 이해하고, 이론을 바탕으로 자세를 다지는 편이 좋다. 그러면 이상한 버릇이 생기지 않고 빠르게 실력을 향상할 수 있다. 도움닫기 기간은 이런 기본 동작을 다지기 위한 중요한 기간이다.

목표 달성을 위한 노력과 행동의 습관화를 보다 빠르게 실현하는 효과적인 방법이 '행동의 계기 마련'이다. 스탠퍼드 대학교의 브라이언 포그Brian FOG 교수는 인간을 움직이게 하는 데 '동기 부여', '행동 장벽', '계기' 이 세 가지 요소가 중요하다고 주장한다. 계획서에 목표, 목적, 버릴 것, 허용하는 것 등을 적는 이유는 '동기 부여'와 '행동 장벽'을 정리하기 위해서이기도 하다. 그리고 도움닫기 기간에는 세 번째 요소인 '계기'를 일상생활 속에 포함시켜야 한다.

습관과 습관화하고 싶은 행동을 세트로 묶는다

행동의 계기를 어떻게 마련할 것인지에 대한 힌트를 '파블로프의 개'라는 실험에서 얻을 수 있다. '파블로프의 개'는 개에게 먹이를 줄 때 벨을 울리고 나서 먹이를 주는 행동을 반복했더니 벨이 울리기만 해도 개가 침을 흘렸다는 실험이다. 이처럼 일상의 습관으로 자리 잡은 행동과 목표 달성을 위한 행동을 한 세트로 묶는 것이 중요하다. 일상의 습관을 계기로 목표 달성을 위한 행동과 노력을 여러 번 반복하면 습관화가 촉진된다.

예를 들어 다이어트 목표를 달성하기 위해 트레이닝을 한다고 하자. 목욕을 마친 후에 트레이닝을 시작한다고 정한 경우 처음에는 의식적으로 행동해야 한다. 하지만 시간이 지날수록 목욕 후의 트레이닝이 습관으로 자리를 잡는다. 최종적으로 목욕 후에 무의식적으로 트레이닝을 시작하게 된다. 이처럼 목표 달성을 위한 행동이 매일의 일과처럼 무의식화되는 것이 습관을 디자인할 때의 중요한 열쇠가 된다.

한 가지 더 중요한 것은 행동의 습관화가 이루어질 때까지 일단 최선을 다해서 매일 지속해야 한다는 점이다. 처음에는 의욕이 충만해서 열심히 하지만 중간 시점부터 점점 지치고 귀찮아져 이른바 작심삼일로 끝나는 경우가 많다. 이렇게 되면 습관화가 일어나기 어렵고 지금까지 들인 노력은 물거품으로 사라져 버린다. 따라서 도움닫기 기간에는 정한 규칙에 따라 무조건 매일 노력을 지속하는 데 집중해야 한다. 예를 들어 목욕 후에 15분간 트레이닝을 한다고 정한 경우 초반의 3일 동안은 열심히 했는데 4일째부터 일이 바쁘고 퇴근도 늦어져 힘들고 귀찮은 상황이 벌어졌다고 하자. 이럴 때는 앞서 심리적 마찰력에서 언급했듯이 무슨 일이 있어도 일단 시작하는 것이 중요하다. 힘들어도 일단 시작하면 어떻게 해서든 끝까지 트레이닝을 마칠 수 있다. 매일 하는 양치질처럼 하루 일과의 사이클 속에 습관화되면 목표 달성에 더욱 가까이 다가갈 수 있다.

진척 상황 관리는 달력 수첩이 제일 좋다

도움닫기 기간에서 '계획의 진척 상황을 확인하는 방법을 정하는 것'도 중요하다. 진척 상황을 관리할 때는 관리 작업을 최소화하고 스케줄대로 정확하게 잘 진행되고 있는지를 살핀다. 계획서를 A4 용지 한 장으로 작성하는 이유도 준비 작업 및 관리의 수고를 최소한으로 줄이는 데 목적이 있다.

계획의 진척 상황을 왜 가시화해서 관리해야 하느냐고 의문을 제기하는 사람도 있을 것이다. 예를 들어 '일주일 전에 저녁으로 무엇을 먹었습니까?'라는 질문에 곧바로 대답할 수 있는 사람은 몇이나 될까? 특별한 음식이었다면 기억하겠지만 대개 곧바로 떠오르지 않는다. 고작 일주일 전의 일도 기억하지 못할 만큼 사람의 기억은 완벽하지 않다. 한편, 목표를 확실하게 달성하기 위해서는 때때로 과거의 상황을 되돌아보고, 자신이 얼마나 전진했는지 객관적으로 평가해야 한다. 그래서 계획의 달성 상황이나 진척 상황을 기록하는 것이 중요하다.

수고와 노력은 줄이고 싶고 진척 상황은 명확하게 가시화하고 싶은 상반된 두 가지를 실현하기 위한 가장 간단한 방법이 바로 종이 달력 수첩이다. 요즘은 수첩을 쓰는 사람이 적어졌다. 그러나 종이 수첩에 직접 글을 쓰게되면 이를 의식으로 옮기는 데 용이하다. 또한 쓰윽 넘기기만 해도 내용을 쉽게 확인하고 인식할 수 있는 장점이 있다. 종이 달력 수첩을 활용하는 방법은 우선 달력의 날짜 부분에 며칠째인지 알기 쉽도록 1부터 100까지 번호를 매긴다. 그다음 마일스톤에 해당하는 날을 표시하고 KPI도 기재한다. 마지막으로 매일 자기 전에 스케줄을 잘 지킨 날은 날짜에 동그라미를 치고, 그렇지 못한 날은 가위표를 친다. 이렇게 하면 간단하게 진척 상황을 관리할 수 있고 한눈에 파악하기도 쉽다. 또한 여유가 있을 때는 1~2줄 정도라도 좋으니 그날의 소감과 반성을 일기 대신에 쓰는 것도 나중에 큰 도움이 된다.

기록은 대강해도 괜찮지만 매일 해야 한다

계획의 진척 상황을 관리할 때는 '대강이라도 좋으니 하루도 거르지 않는 것'이 중요 포인트다. 매일 기록하는 대신에 내용까지 자세할 필요는 없다. 오히려 대강해도 괜찮다는 생각으로 임하는 것이 부담을 최소화할 수 있다.

예를 들어 다이어트를 목표로 세웠을 때 많은 사람이 칼로리 계산을 어려워한다. 사실 섭취 칼로리는 같은 메뉴라도 음식에 들어간 조미료나 양념 등에 따라서 달라진다. 정확한 칼로리를 끼니마다 계산하는 일은 상당한 노력이 필요하므로 칼로리 계산을 포기하는 사람이 많다. 그런데 섭취 칼로리를 일의 자리까지 정확하게 계산할 필요가 있을까? 만일 당뇨병 환자라 식사 관리를 철저히 해야 하거나 권투 시합을 앞둔 선수라 체중을 감량하는 중이라면 그래야 할 것이다. 그러나 맵시 있게 옷을 입고 싶다는 이유로 다이어트를 시작했다면 '대략 몇 칼로리 정도되겠다'는 식으로 충분하지 않을까? 이건 593칼로리, 저건 824칼로리처럼 일의 자리까지 정확하게 따질 필요 없이 약 600칼로리, 약 800칼로리 처럼 대략적으로라도 매일 수첩에 기록하는 것이 훨씬 더 중요하다. 이처럼 매일 기록해야 할 내용을 간략하게 줄이면 진척 상황의 지속적인 관리가 수월해진다.

목표를 주변 사람에게 공식 선언해야 하는가

목표를 달성하기 위해 행동에 나설 때 그 목표를 자신의 주변 사람에게 말할지 말지 고민하는 사람이 꽤 있을 것이다. 주변 사람에게 자신의 목표를 공식적으로 선언함으로써 책임감을 느끼고 동기가 부여되어 의욕이 생기는 사람도 많을 것이다. 그러나 목표 선언에는 장단점이 있다. 어느 연구에 따르면 목표를 외부에 선언한 그룹과 선언하지 않은 그룹을 비교했더니 전자의 목표 달성률이 낮았다고 한다. 그 이유로는 '목표를 자신의 입으로 직접 말함으로써 그것에 만족해 버리고, 실제 행동에 나서지 않기 때문이다'가 설득력을 얻고 있다.

이처럼 목표를 주변 사람에게 말할 때 노력하게 되는 유형인지 아니면 말하는 데 만족하고 행동하지 않는 유형인지 자신의 성격을 고려해서 판단하는 것이 중요하다. 또한 목표를 말할 경우 '누구에게 말할 것인지'도 유념해야 한다. 가장 이상적인 대상은 목표 달성과 아무런 이해관계가 없고, 순수하게 자신을 응원해 줄 수 있는 사람이다. 달성하려는 목표가 높은 경우는 상대방이 허세라고 오해하거나 목표 달성에 실패했을 때 창피해서 관계가 소원해지는 일이 없도록 조심하자.

나도 목표에 따라서 주변 사람에게 말하거나 말하지 않는 등 그때그때 판단을 달리한다. 목표 달성에 자신이 있을 때는 주변 사람에게 말하지 않고, 상당한 노력이 필요한 목표라면 주변 사람에게 적극적으로 말한다. 주변 사람에게 공식적으로 선언함으로써 목표를 달성하지 못했을 때의 창피한 상황을 피하려고 어떻게 해서든 달성해야 한다는 각오를 확고히 다질 수 있기 때문이다. 그래서 이 방침을 고수하고 있다. 주변 사람에게 선언하는 것의 장단점은 사람마다 다르므로 각자 자신에게 맞는 규칙을 정하면 좋을 것이다.

자신감을 갖게 된 단계에서 골든타임으로 향하라

도움닫기 기간의 설정은 예전에 한 번이라도 달성했던 목표인지 아니면 처음 도전하는 목표인지 등의 상황에 따라서 달라진다. 한 번이라도 달성했던 적이 있어서 방법론이 이미 정해진 경우라면 도움닫기 기간은 되도록 짧게 설정하고 곧바로 최고 속력으로 행동에 나서는 계획이 좋다. 만일 처음 도전하는 목표나 지금까지 여러 번 시도했지만 실패했던 목표라면 도움닫기 기간에 신중하게 진행 방법을 조정할 필요가 있다.

그렇다면 어떤 상태에서 골든타임으로 넘어가면 좋을까? 어쩌면 감으로 판단해야 할 수도 있다. 매일의 노력과 행동에 자신감이 붙은 타이밍, 즉 목표를 달성하기 위해 해야 할 일이 무엇인지 정확히 알고, 일상에서 목표 달성을 위한 행동이 습관화되어 의식하지 않아도 일과처럼 느껴질 때라고 말할 수 있다. 또한 이렇게 자신감이 붙었으면 도움닫기 기간이 끝날 때까지 기다릴 것 없이 바로 골든타임 기간으로 넘어가도 좋다.

다만 완벽하게 자신의 일상 속에 습관으로 정착될 때까지 도움닫기 기간을 질질 끄는 것은 삼가야 한다. 조금 색다른 예시일 수 있는데 파스타 면을 삶을 때 알덴테al dente(심지까지 다 익지 않은 상태)에서 불을 끄고 남은 열로 조리하는 방법이 있다. 이와 마찬가지로 모든 상황에 자신감을 갖고 완벽하게 대응할 수 있을 때까지 준비하려고 애쓰지 말자. 설령 해결해야 할 과제나 모르는 부분이 있어도 이 정도면 되겠다 싶은 타이밍에서 최고 속력으로 전환하는 편이 낫다. 이는 나의 과거 경험에 비추어 장담할 수 있다.

내가 와인을 공부했을 때의 실제 사례를 들어서 설명하겠다. 와인은 예를 들어 부르고뉴라는 지역으로 범위를 좁혀도 생산하는 마을과 밭이 매우 많다. 빈티지에 따른 완성도와 풍미도 각양각색이다. 이런 방대한 지식을 다 습득하고 와인을 시음하려고 하면 어떻겠는가? 남는 게 시간인 사람조차 시간이 모자랄 것은 불 보듯 뻔한 일이다. 또한 직접 시음해 보지 않으면 ○○향, △△풍미라는 말만 들어서는 좀처럼 이미지를 떠올리기 어렵다.

그래서 나는 와인 관련 책을 대충 훑어보는 정도로 도움닫기 기간을 끝냈다. 그리고 책에 실린 와인 중에 마음에 드는 와인을 닥치는 대로 마셔 보고, 다시 책을 보면서 대조하는 방법을 택했다. 책을 훑어보는 단계에서 '어차피 나중에는 지식보다 실전이 중요하다'는 것을 깨달았기 때문이다. 그 결과 샹파뉴, 부르고뉴 등 각 지역 와인의 특징과 대표 생산자에 대한 기본 지식을 3개월씩 투자해서 마스터했다. 이처럼 '자신감이 붙은' 단계에서 최고 속도로 몰입하면 그 이후의 계획도 수월하게 달성할 수 있는 경우가 많다.

최대 효율을 유지하는
골든타임을 보내는 방법

집중력이 가장 많이 필요한 골든타임 기간.
이 기간을 충실히 보내기 위한 규칙을 소개한다.

일단 목표 달성을 위한 시간을 확보한다

골든타임 기간은 목표 달성을 위한 100일 중에서 가장 집중해서 노력하고 움직여야 하는 기간이다. 이 기간의 노력이 목표 달성의 성패를 가른다고 해도 과언이 아니다.

우선 골든타임 기간이 끝났을 때의 목표 달성 상태를 어느정도로 설정할 것인지에 대해 짚어 보자. 골든타임 기간이 끝났을 때 당신은 목표 달성의 80퍼센트~90퍼센트 지점까지 도달해 있어야 한다. 일개미의 법칙에서 언급했듯이 '20퍼센트의 시간으로 목표의 80퍼센트 달성'을 지향해야 한다.

정해진 기간 내에 성과를 내려면 '목표 달성을 위한 노력과 행동에 투자하는 시간을 되도록 길게 확보'해야 한다. 자신에게 주어진 자유 시간까지 목표를 위해서 쏟아붓는다는 각오로 노력하는 것이 중요하다. 다시 말해서 길고 긴 벼락치기 상태를 조성해서 플로우 상태에 머무는 시간을 최대한 길게 만드는 것이다. 이것이 성공하면 경험 곡선의 효과를 오래 누릴 수 있고, 설령 고원 현상에 빠지더라도 냉정하게 대처할 시간이 있으므로 목표 달성에 더욱더 가까이 다가갈 수 있다.

골든타임으로 들어가기 위한 의식을 행하라

여기까지 설명한 바와 같이 골든타임은 목표를 달성하기 위해 혼신의 힘을 다해 노력하는 기간이다. 그래서 골든타임 기간으로 들어갈 때는 기분 전환을 위한 '의식'을 치르는 것도 효과적이다. 골든타임은 대부분의 시간을 목표 달성을 위한 노력과 행동에 할애해야 한다. 당연히 지치고 힘든 날이 생기기 마련이다. 그럴 때마다 '지금은 골든타임 기간이니 열심히 노력하자'는 강인한 의지로 극복하기 위해서 결의를 다지는 것이 매우 중요하다.

의식이라고 해서 거창하게 생각할 필요는 없다. 자신에게 '지금부터 골든타임 기간이다'라는 생각을 심어 줄 수 있는 행동이면 뭐든지 상관없다. 예를 들어 평소에 접하기 힘든 특별한 요리를 먹거나 액세서리를 사는 등 자신에게 선물을 주거나 수첩에 목표 달성을 위한 생각을 적는 것도 좋다. '지금부터는 단계가 달라진다', '앞으로 더 열심히 노력해야 한다'고 명확하게 의식할 수 있는 행동이면 된다.

내 경우에는 평소에 갖고 싶었지만 비싸서 망설였던 양복을 과감하게 구입한다. 구입한 양복을 가능하면 골든타임 기간 중에 입는다. 이렇게 하면 양복을 입을 때마다 '나는 지금 골든타임 기간에 있다'고 명확하게 의식할 수 있어서 힘들어도 참고 노력하는 활력을 얻는다.

목표 달성을 계속 생각하는 것도 중요하다

골든타임 기간에는 짬이 나거나 비는 시간을 가능하면 목표 달성과 관련된 행동에 써야 한다. 하지만 방법론에 따라서 행동 자체가 그렇게까지 많은 시간을 요하지 않는 경우도 있다. 구체적인 예를 들면 시험공부는 공부를 얼마나 했느냐가 성과로 직결되는 반면 다이어트는 무턱대고 운동만 하기보다는 하루에 몇 시간으로 정해놓는 게 효과적이다. 또한 식사 제한으로 다이어트를 한다면 당연히 시간은 상관없다.

그렇다면 시간이 목표 달성과 직결되지 않는 방법론을 택한 경우 골든타임 기간을 어떻게 보내면 좋을까? 결론부터 말하자면 '목표 달성과 관련된 것을 항상 생각'하고 있어야 한다. 목표 달성에 직접적으로 기여하는 행동을 하지 않는 시간에도 어떻게 하면 목표 달성을 위한 행동을 보다 효과적이게 할 수 있는지를 말이다.

골든타임 기간에는 목표 달성을 향한 의식의 집중을 끊지 않는 것이 중요하다. 가령 식사 제한으로 체중을 감량할 때 식사하는 시간보다 식사를 하지 않는 시간에 식욕을 통제하는 것이 더 중요한 것을 떠올려보면 이해하기 쉬울 것이다.

즉 목표를 달성하기 위해서 지금까지 해 왔던 노력과 행동을 되돌아보고 개선해야 할 부분은 없는지 검증하거나 목표 달성을 위한 보다 나은 방법은 없는지 더 많은 정보를 수집하는 등 깊이 들여다보아야 한다.

목표 달성과 관련된 행동을 하지 않을 때라도 목표 달성을 항상 염두에 두는 자세는 고원 현상을 빨리 극복하는 데도 중요하다. 고원 현상에 빠져서 상황이 나아질 기미가 보이지 않을 때는 일단 자신의 현재 상태를 직시하고, 모든 가능성을 열고 지속적으로 고민해 봐야 한다. 앞으로 나아질 기미가 보이지 않고 제자리걸음만 하고 있는 상황이라도 포기하지 않고 개선할 수 있는 부분은 없는지, 지금과 다른 새로운 방법은 없는지를 반복해서 생각하고 고민하는 자세가 필요한 것이다. 골든타임 기간에는 '목표 달성에서 눈을 돌리지 않고 항상 생각'하는 습관을 중시해야 한다.

플로우 상태에서는 할 수 있는 한 최선을 다하라

골든타임 기간에서 한 가지 더 중요한 것은 하루에 노력하는 양과 행동의 상한선을 정하지 않는 것이다. 예를 들어 골든타임 기간에 문제집을 한 권 풀기로 하고, 매일 10장씩 할당량을 정했다고 하자. 기분이나 체력에 상관없이 매일 10장씩 푸는 것은 당연하다. 더 나아가 유독 기분이 좋거나 집중이 잘되어서 문제가 잘 풀리는 날에는 10장을 다 풀었어도 거기서 멈추지 않고 할 수 있는 만큼 더 해 보는 자세가 중요하다.

체력이 받쳐 주거나 집중이 잘되는 때는 플로우 상태로 들어가기 쉬운 때이기도 하다. 조금 더 할 수 있겠다는 생각이 든다면 할 수 있는 데까지 더 해 보는 것이 좋다. 덕분에 '나는 이렇게나 잘 할 수 있어!' 하는 자신감이 생기기도 한다.

다만 주의해야 할 점이 있다. 오늘 해야 할 양보다 더 많이 했다며, 내일 해야 할 양을 줄이는 것은 삼가야 한다. 앞서 예로 들었던 문제집의 경우 어느 날 문제가 잘 풀려서 15장을 풀었다고 그다음 날은 5장만 풀어도 된다고 생각하면 안 된다. 하루에 정해진 양을 똑같이 수행하는 자세가 중요하다. 그렇지 않으면 점차 '나중에 몰아서 한꺼번에 해도 괜찮다'는 생각에 결과적으로 노력하는 속도의 균형을 잃고 만다.

수면 시간은 반드시 사수한다

목표를 달성하기 위해서 가능하면 시간을 많이 확보하는 것이 좋지만 수면 시간을 줄여서 충당하면 오히려 역효과를 낳는다. 이를 밝혀낸 연구 결과가 있다. 미국 펜실베이니아 대학교의 연구팀은 건강한 성인 48명을 대상으로 다음의 연구를 진행했다. '3일 동안 전혀 잠을 자지 않는 사람들', '매일 4시간씩 자는 사람들', '매일 6시간씩 자는 사람들', '매일 8시간씩 자는 사람들' 등 네 그룹으로 나누어 2주간 생활하게 했다. 각 그룹에 속한 피험자의 건강 상태를 기록한 결과 8시간 수면을 취한 사람들은 인지 기능과 주의력, 운동 신경이 전혀 저하되지 않았다. 반면 4시간 수면과 6시간 수면을 취한 사람들은 시간이 경과할수록 능력이 저하되는 것으로 확인됐다.

여기서 놀라운 점은 6시간 수면을 취한 사람들의 수행도가 이틀 연속해서 수면을 취하지 않은 사람들과 동일한 수준까지 저하되었다는 사실이다. 즉 6시간 수면을 취하고 충분한 휴식을 취한 것 같아도 이틀 연속으로 자지 않은 사람과 같은 수준의 능력밖에 발휘하지 못할 수도 있다는 것이다.

더욱 놀라운 것은 6시간 수면을 취한 그룹은 자신의 능력이 수면 부족으로 저하되었다는 사실을 전혀 눈치채지 못했다. 수면 부족의 축적에 따른 능력 저하는 스스로 통제할 수 없을 뿐만 아니라 자각조차 못 하는 현상인 것이다.

수면은 우리의 심신과 뇌를 쉬게 할 뿐만 아니라 기억을 정리하고 처리하는 역할도 한다. 컨설턴트로 일할 당시 나는 수면 시간을 줄여 가며 일에 매달리기보다 어느 정도 선에서 일단락 짓고 일단 수면을 취한 후에 다시 일에 몰두하는 편이 양질의 아웃풋을 낼 수 있다는 경험을 여러 번 했다. 뇌로 보내는 정보 전달을 마무리하고, 하루에 얻은 정보를 정리하는 시간을 갖기 위해서라도 수면 시간은 반드시 확보해야 한다.

골든타임 전용 보상이 있어도 좋다

100일은 짧으면서도 긴 시간이다. 이 시간을 목표 달성을 위해서 투자하는 대가로 '허용하는 것'을 설정해야 한다고 앞서 설명했다.

그런데 목표를 달성하기 위해서 '허용하는 것'을 미리 준비해 두어도 우리는 기계가 아닌 인간이기에 사기가 저하되는 경우가 발생한다. 이럴 때는 골든타임 기간에 한해서 과감하게 평소에 하지 못했던 '특별한 허용'을 고려해 보자.

예를 들어 당초 계획을 세울 때 달콤한 디저트를 마음껏 먹도록 허용했다고 하자. 그런데 달콤한 디저트를 마음껏 먹는 것만으로는 성에 차지 않는다면 과감하게 특별한 저녁 식사를 선물하는 것도 좋다.

옛날부터 일본은 평범한 날을 '케(ケ, 褻)', 특별한 날을 '하레(ハレ, 晴れ)'라고 칭하며 일상과 비일상을 구분했다. 예를 들어 '하레'는 수확 후에 지내는 가을 축제와 같이 오랫동안 힘들게 일한 결과가 나오는 날로, 이날은 특별한 시간을 보냈다. 힘든 노동 후에 자유로운 시간을 가짐으로써 단조로운 일상에 활력을 불어넣는 것이 얼마나 소중한지 옛날 사람들은 삶의 지혜로 알고 있었던 것이다.

우리가 목표를 달성하고자 할 때도 일상과 색다른 '하레'를 마련하고 기분을 전환하는 것이 중요한 경우가 있다. 평소와 다른 시간을 보내면서 자신이 무엇을 위해서 그 목표를 이루고 싶은 것인지 되짚어 보는 시간을 가질 수 있다. 그래야 다시 일상으로 돌아가서 목표를 달성하기 위해 매일 열심히 노력할 수 있다.

최종 마무리 기간의 포인트

골든타임 기간을 무사히 넘겼어도 방심은 금물이다.
여기서는 최종 마무리 기간에 주의해야 할 포인트를 정리했다.

아웃풋으로 행동을 평가하라

최종 마무리 기간은 말 그대로 목표를 달성하기 위해서 마지막으로 마무리하는 기간이다. 그리고 도움닫기 기간에서 골든타임 기간까지 공들인 노력을 다듬고 마무리해서 목표 달성을 확실히 하는 기간이다.

최종 마무리 기간에서 KPI는 자신의 노력을 평가하는 인풋에서 목표에 얼마나 가까이 다가갔는지를 나타내는 아웃풋으로 크게 바뀐다. 도움닫기 기간이나 골든타임 기간의 KPI는 노력에 따라 이룰 수 있도록 정해 놓은 스케줄을 잘 지키면 반드시 달성할 수 있다.

그러나 최종 마무리 기간은 아웃풋, 즉 성과를 올렸는지 아닌지의 여부를 확인한다. 계획대로 노력했지만 목표를 달성하지 못하는 상황이 벌어질 수도 있는 것이다.

만일 목표 달성을 위한 노력이 순조롭게 진행됐다면 최종 마무리 기간으로 돌입한 시점에서 목표의 80~90퍼센트를 달성해야 한다. 예를 들어 다이어트의 경우 최종 마무리 기간으로 들어간 시점에서 체중을 쟀을 때 거의 목표 체중에 가까운 상태여야 한다. 시험 합격이 목표라면 합격에 필요한 점수가 일정하게 나오는 상황이어야 한다. 그러나 만일 최종 마무리 기간으로 돌입한 시점에서 이런 상황에 이르지 못했다면 골든타임 기간에 노력을 게을리했거나 올바르게 하지 않았다는 것을 뜻한다. 이를 만회하기 위해서 최종 마무리 기간에서 인풋의 양을 늘릴 것인지 아니면 지금까지와 다른 새로운 방법론을 시도할 것인지를 판단해야 한다. 우선 순조롭게 진행된 경우를 살펴보자.

신은 디테일에 있다

스케줄대로 진행해서 최종 마무리 기간으로 돌입한 시점에서 목표의 80~90퍼센트가 달성된 상황이라면 한시름 놓아도 좋다. 100일 중 아직 절반 정도의 기간이 남은 상황이고, 나머지 10~20퍼센트만 마무리하면 되니 부담감이 조금은 줄어들 테니 말이다. 그러나 간혹 나머지 10~20퍼센트를 마무리하는 데 의외로 많은 노력이 필요한 경우도 있다는 사실을 유념해야 한다. 조각 작품에 비유하면 골든타임 기간까지 이룬 것은 조각상의 큰 부분을 조각해 놓은 전체적인 형태와 같다. 여기서부터 사포로 열심히 문질러서 각진 부분을 부드럽게 만들고 다듬는 것이 최종 마무리 기간에 해당한다. 이제까지와는 질적으로 다른 상당한 노력이 필요한 것이다.

전문가의 세계에서 일류와 이류는 얼핏 봐서는 알 수 없는 아주 미세한 차이로 구분되는 경우가 대부분이다. '신은 디테일에 있다GOD is in the details'라는 말이 있다. 이는 독일의 유명한 건축가 루트비히 미스 반 데어 로에Ludwig Mies Van Der Rohe가 남긴 말이다. 우리는 미술품이나 건축물을 보고 색채와 장식 등의 인상적인 부분에 눈을 빼앗기기 쉽다. 그러나 일류 작가가 심혈을 기울이는 포인트는 사실 한눈에 알아보기 힘든 아주 미세한 부분의 마무리에 있다.

이 말이 시사하는 바와 같이 목표를 달성하기 위한 노력이 순조롭게 진행되고 있을 때는 일부러 '미세한 부분에 신경을 써서' 최종 마무리에 들어가는 것이 중요하다. 예를 들어 다이어트의 경우 목표 체중에 도달할 수 있을 것으로 판단된 시점에서 '목표 체중을 최종일까지 혹은 그 이후에도 유지하기 위한 어떤 좋은 방법이 있을까?'와 같이 이전보다 세밀하게 일상생활이나 식습관을 되짚어 보아야 한다. 어떤 것이 효과적인지 파악해서 그 부분을 습관화하기 위한 방법을 생각해 보는 것도 좋다. 시험 합격을 목표로 세운 경우 과거 모의시험의 결과를 바탕으로 잘하는 과목과 못하는 과목을 파악해야 한다. 그리고 '합격 최하점보다 ○점 위의 실력을 일정하게 유지하기 위해 어느 쪽에 시간을 더 투자해야 하는지'를 고민하는 것이 중요하다.

특히 시험 합격은 '0/1 목표'이므로 마지막 순간까지 달성 여부를 예상할 수 없다. 계획 중간까지 좋은 컨디션을 유지하며 열심히 노력했지만, 불과 1점이 모자라서 낙방하는 등 근소한 차이로 목표를 달성하지 못하는 경우가 종종 있기 때문이다. 이처럼 0/1 목표를 세운 사람은 가능하면 세밀한 부분까지 살피는 자세를 갖추고 많은 경험을 쌓아서 '설마' 하는 사태가 벌어지지 않도록 대비해야 한다.

목표 달성 이후를 내다보기 시작하라

목표 달성을 위한 노력이 순조롭게 진행된 경우 최종 마무리 기간은 다음 목표를 내다보기 시작하는 타이밍이기도 하다. 목표를 달성한 '그 이후'를 내다보는 일은 목표를 이룬 후에 '무기력 상태'에 빠지지 않도록 하기 위함이다. 목표 달성을 위한 100일간의 도전이 끝났어도 우리의 인생은 계속 이어진다. 역전 마라톤에서 자신의 담당 구간을 끝까지 달린 주자가 그 자리에서 쓰러지듯 당신도 목표 달성을 위해서 온갖 노력을 쏟아부었고 소진했다고 생각할 것이다. 하지만 그렇다 하더라도 다시 일어서서 다음 목표를 세우고 발전해 나가는 선순환을 만들어야 한다.

목표를 달성한 '그 이후'에는 두 가지 유형의 목표를 생각해 볼 수 있다. '더 높은 곳을 목표로 삼는 다른 길을 가는 유형'이다. 예를 들어 다이어트의 목적이 '웨딩드레스를 예쁘게 입는다'라고 해 보자. 체중 감량에 성공했을 때 앞으로 ○○kg을 더 빼는 목표를 세울 것인지, 아니면 감량 목표에서 벗어나서 피부 관리로 전향할 것인지 두 가지의 선택지를 생각해 볼 수 있다. 해외 영업직에 취직하고 싶다는 목적으로 토익 시험 800점을 돌파하는 목표를 달성한 경우에는 그다음 단계로 900점 돌파에 도전할 것인지, 아니면 프랑스어 검정시험에 도전할 것인지를 생각해 볼 수 있다.

순조롭게 진행되지 않은 경우의 되돌아보기 방법

한편, 골든타임 기간을 마치고, KPI를 아웃풋 중시로 전환했을 때 안타깝게도 별다른 성과를 올리지 못한 경우도 발생할 수 있다. 이를 타개하는 방법은 두 가지다. 하나는 목표 달성에 필요한 '인풋의 양'이 충분하지 않다는 판단하에 인풋의 양을 더 늘리는 방법이다. 이는 골든타임으로 역행하는 것이다. 하지만 지금까지 열심히 노력해 온 사람이 동일한 노력을 반복한들 사실 극적인 효과가 나타날지 의문이다. 따라서 이 방법은 골든타임 기간 중에 본인이 게으름을 피웠다는 자각이 없는 사람에게는 추천하지 않는다.

다른 하나는 자신이 잘하고 있는 부분과 그렇지 못한 부분을 다시 한번 객관적으로 평가하고, 필요하면 계획을 수정해서 적절한 대책을 마련하는 방법이다.

객관적인 평가를 진행할 때는 하루, 이틀이라도 좋으니 행동과 행동 사이에 시간을 두는 것이 중요하다. 가령 전날 저녁에 안 좋은 메일이 와서 다소 감정이 섞인 답장을 보냈는데 다음 날 아침에 다시 읽어 보고 후회했던 경험이 있지 않은가? 자신의 상황을 객관적으로 이해하고 평가하려면 일단 마음을 차분하게 가라앉힐 시간이 필요하다. 그래야 자신의 상황을 새로운 관점에서 냉정하게 판단할 수 있다.

나 또한 집필할 때 원고를 마친 후에 일부러 며칠 동안은 들여다보지 않고 그대로 놔 둔다. 이 시간은 스케줄을 짤 때 미리 최종 마무리 기간의 초반에 포함시켜 놓는다. 이렇게 일단 뇌와 감정의 스위치를 꺼 두는 기간을 설정하면 이전에 보이지 않았던 부분이 보이기 시작한다.

타인의 조언을 받되 일희일비하지 않는다

자신의 행동을 객관적으로 되돌아본다는 관점에서 다른 사람에게 지금까지 투입한 자신의 노력과 성과에 대한 조언을 듣는 것도 효과적이다. 내 경우는 초고를 마친 후에 신뢰할 만한 지인에게 읽어 달라고 부탁한다.

다만 다른 사람에게 받은 조언은 양날의 검과 같아서 경계해야 한다. 남에게 칭찬을 받으면 목표 달성을 위한 의욕이 더욱 불타오를 수 있다. 하지만 이와 반대로 낮은 평가를 받으면 자신감을 잃고 그 이후의 행동에 나쁜 영향을 미칠 수도 있다. 남에게 받은 평가에 일희일비하지 않으려면 평가 내용은 신중하게 받아들이되 그 평가가 자신의 인격까지 판단했다고 착각해서는 안 된다. 이점을 반드시 명심해야 한다. 지금까지의 노력과 행동이 설령 나쁜 평가를 받더라도 이는 어디까지나 목표 달성 상황에 대한 평가이지 자신의 인격적인 부분에 대한 평가가 아니다. 남의 조언이나 평가에 자신감을 잃어서 되겠는가?

한 가지 더 중요한 것이 있다. 자신이 이룬 성과가 무척 만족스럽고 자랑스러운데 신뢰하는 지인에게 지적을 받았다면 흘려듣지 않아야 한다. 그리고 그 부분에 대한 개선의 여지를 찾아봐야 한다. 개선의 가능성을 처음부터 차단하지 않고 어떤 새로운 관점이 있는지 살펴봄으로써 보다 나은 성과를 만들기 위한 새로운 방향을 발견할 수 있다.

설령 최종 마무리 기간에 돌입했을 때 성과가 나오지 않는 상황이 벌어져도 이런 노력을 통해 능숙하게 다른 방법을 찾을 수 있다. 그리고 계획을 달성하기 위한 방법론이나 스케줄 배분의 변경을 두려워하지 말자. 방법을 바꿔 보거나 다른 사람의 조언을 얻고, 시행착오를 겪음으로써 목표 달성의 실마리를 찾는 것도 중요하다.

100일 목표 달성을 확고히 다지는 완충 기간

그래봤자 완충 기간이라 생각할지 몰라도 이 기간도 중요하다.
100일 디자인의 주인공인 완충 기간의 활용법을 소개한다.

완충 기간에 기대지 않는다

목표 달성을 위한 노력과 행동이 순조롭게 진행되지 않을 때나 뜻밖의 상황이 벌어졌을 때 여유를 확보하기 위해 설정하는 것이 완충 기간이다. 자동차 핸들에 유격이 있어서 부드러운 핸들링이 가능한 것처럼 계획에도 여유가 있어야 한다. 이는 100일 목표 달성의 든든한 지원군이 되어 준다. 예측 불허의 문제가 발생하거나 갑작스럽게 일이 바빠져서 목표 달성을 위한 일정이 연기되더라도 미리 설정해 둔 완충 기간을 활용하면 스케줄을 따라잡을 수 있다.

다만 완충 기간을 설정할 때 한 가지 주의해야 할 점이 있다. 처음부터 완충 기간에 기대지 않는 것이다. 완충 기간은 어디까지나 긴급 상황을 위한 대비책으로 확보해 놓은 시간이다. 완충 기간이 있으니까 조금 늦어도 괜찮다는 마음가짐으로 행동하면 안 된다. 마지막까지 완충 기간을 사용하지 않고 100일보다 짧은 기간 내에 목표를 달성하겠다는 의욕으로 임하는 자세가 중요하다.

완충 기간의 최대 사용 기간을 정해 둔다

완충 기간을 써야 하는 때는 '계획 기간', '도움닫기 기간', '골든타임 기간', '최종 마무리 기간' 중 어느 타이밍에서든 발생할 수 있다. 그렇다면 목표 달성을 위한 노력이 더디거나 일정대로 잘 진행되지 않을 때 어떤 기준과 생각으로 완충 기간을 사용하면 좋을까?

첫 번째 방법은 계획 기간에서 스케줄을 설정할 때 각 기간마다 완충 기간의 최대 사용 범위를 미리 정해 두는 것이다.

완충 기간에 대한 생각은 사람의 성격에 따라서 크게 다르다. 걱정이 많은 사람은 완충 기간을 가능하면 마지막까지 남겨 두려 하지만, 낙천적인 사람은 완충 기간을 처음에 모두 써 버릴 수 있다. 사실 완충 기간을 어떻게 사용할지에 대한 정답은 없다. 그러나 뜻밖의 상황이 벌어졌다고 너무 이른 단계에서 완충 기간을 다 써 버리면 후반부에 들어서서 문제가 발생했을 때 대처하지 못할 가능성이 높아진다. 이런 사태를 미연에 방지하기 위해서 '계획 기간', '도움닫기 기간', '골든타임 기간', '최종 마무리 기간'에서 최대 사용 범위를 미리 정해 둘 필요가 있다. 예를 들어 도움닫기 기간에는 1일, 골든타임 기간에는 3일과 같이 미리 정해 두는 것이다. 그러면 목표 달성을 향한 여정의 너무 이른 단계에서 완충 기간을 다 써 버리지 않으려고 노력할 수 있다.

완충 기간의 하한 KPI를 정하라

다음으로 중요한 것은 '미리 정한 기준치을 밑돌면 스케줄을 변경해서 완충 기간을 사용한다'는 하한 KPI를 설정하고 의식하는 것이다. 계획을 책정할 때나 도움닫기 기간의 행동을 살펴보고 어떤 상황일 때 스케줄을 변경해서 완충 기간을 사용할 것인지 그 기준을 마음속에 새겨 둔다.

구체적인 예를 들면 당신이 시험 합격을 목표로 계획을 세우고, 소목표로 참고서를 일정 기간까지 끝내기로 했다고 하자 그런데 실제로 해 보니 문제집을 끝내야 하는 예정일에 30퍼센트밖에 하지 못했다.

만일 이런 사태가 벌어졌다면 당신은 조금 이른 단계라도 목표 달성에 적신호가 켜졌다는 사실을 알아차릴 수 있다. 그리고 '이대로

라면 도저히 목표를 달성할 수 없겠다'는 판단을 도중에 내려야 한다. 이때 판단 기준으로 활용할 수 있는 것이 바로 하한 KPI다. 하한 KPI를 정하는 구체적인 방법은 이와 같다. 예를 들어 정해진 기간의 어떤 특정한 타이밍에서 참고서를 푼 상태가 ○퍼센트 미만이라면 다른 방법론을 선택하겠다는 식으로 기준을 정하는 것이다. 그래야 계획 달성이 늦어지기 전에 대책을 마련할 수 있다.

또한 하한 KPI를 정할 때는 하한 KPI를 밑돌 때의 대응책도 함께 정리한다. 예를 들어 도움닫기 기간에서 운동으로 다이어트를 하는 프로세스를 습관화하지 못했을 때 차선책으로 몇 가지 새로운 방법을 준비해 두는 것이다. 다만 사전에 미리 생각해 놨던 대응책을 고수하거나 집착하지 않는 것도 중요하다. 실제로 일어나는 문제는 너무 다양하고 뜻밖의 상황도 많다. 따라서 준비에 만전을 기했더라도 때로는 현재 상황을 정확하게 파악하고, 그에 맞는 최적의 해결책을 찾는 자세를 가져야 한다.

방법을 바꾸기 전에 더 연구하고 고민해 본다

계획대로 진척 상황이 이루어지지 않고 하한 KPI를 밑돌 것 같을 때 우리는 방법론을 전면적으로 바꾸고 싶은 유혹에 빠지기 쉽다. 그런데 방법론을 크게 수정하는 일은 어디까지나 마지막 수단으로 생각해야 한다. 지금 하고 있는 방법과 전혀 다른 새로운 방법으로 처음부터 다시 시작하는 일은 생각보다 더 많은 노력이 필요하다. 방법을 바꾸기보다 지금 하고 있는 방법에 무엇을 더 보강하면 더 좋은 방법이 될지 연구하고 고민해서 보다 나은 해결책을 찾는 경우도 의외로 많다.

아이디어를 주제로 다룬 서적 중 제임스 양James Young의 《아이디어를 내는 방법》에 따르면, 아이디어의 본질은 제로에서 무언가를 창조하는 것이 아니라 이미 있는 요소를 조합하는 것이다. 새로운 일을 한다는 것은 이 세상에 지금까지 없었던 전혀 새로운 것이 아니라 기존에 있던 것의 새로운 조합을 찾는 것이라는 뜻이다.

이런 관점에서 목표 달성을 위한 개선책으로 일단 방법론의 비중을 바꿔 보는 것은 어떨까? 가령 목표 달성을 위해서 A, B, C라는 세 가지 방법론을 선택하고 각각의 방법론에 균등하게 1/3씩 시간을 투자했지만 잘되지 않았다고 하자. 이럴 때 A 방법론에 중점을 두는 등 세 가지 방법론의 비중을 바꾸어 나아진 경우도 종종 있다.

또한 방법론의 세세한 부분을 조정해서 효과를 보는 경우도 있다. 예를 들어 요가를 매일 15분씩 해도 다이어트 효과가 없는 경우 시간은 그대로 두고 다른 요가 자세를 하는 등 상세 내용을 바꿔 보는 것이다. 이처럼 기존 방법에 약간의 아이디어를 더해서 목표를 달성하기 위한 상황을 개선시킬 가능성을 찾는 자세가 중요하다.

목표 달성까지 자신감을 잃는 도전은 하지 않는다

이 책에서 소개한 100일 디자인을 바탕으로 처음에 세운 계획대로 일정이 잘 진행되어 완충 기간을 쓰지 않고 잘 끝났다면 100일도 채 되지 않아서 목표를 달성할 수 있다. 그런데 100일 후에 시험인 경우처럼 목표의 종류에 따라서는 어떤 형태로든 남겨진 기간을 보내야 하는 때가 있다.

마지막 단계에서 목표를 달성하고도 시간이 남았을 때는 그 시간을 지금까지 쌓아 온 자신감을 잃지 않도록 현명하게 보내야 한다. 예를 들어 시험에 합격하는 것이 목표인 경우 '버려도' 괜찮은 어려운 문제를 풀고 말겠다며 손을 댔다가 자신감을 잃는 것보다는 기초 문제를 여러 번 복습해서 오답률을 낮추고, 실력을 다지는 편이 심리적인 자신감을 높이고 목표 달성에 더 가까워질 수 있다.

시험이나 콩쿠르 등은 기술만이 아니라 심리적인 요소도 매우 중요하다. 평소에 잘했는데 막상 시험 당일에 긴장한 나머지 실력을 제대로 발휘하지 못해서 억울했던 경험은 누구에게나 있을 것이다. 이런 긴장과 압박을 극복하는 데 가장 중요한 것은 자신이 지금까지 해 왔던 노력에 대한 신뢰와 자신감이다. 일단 자신이 100일 동안 열심히 노력해서 이루었다는 생각을 단단하게 다지는 것이 중요하다.

그다음 100일을 위해 해야 할 일

100일 만에 드디어 목표를 달성하더라도 그것은 한 번으로 끝이 아니다!
다음 목표를 달성하는 데 활용하는 방법도 알아 두자.

목표를 달성하지 못했어도 자기긍정감은 지켜라

여기까지 목표를 달성하기 위해서 100일 계획을 세우는 방법과 실전에 대해서 살펴봤다. 이 책에서 설명한 방법론에 기초해서 계획을 입안하고, 진척 상황을 관리하는 게 어렵다고 느끼는 사람도 많을 것이다. 방법론은 목표를 달성하기 위한 교정 기구, 즉 코르셋과 같은 것이라고 할 수 있다. 조금 불편하겠지만 그런 불편함이 목표를 달성하기 위한 습관을 디자인해 준다.

다만 아무리 신중하게 계획을 세우고 전력을 다했어도 모든 목표를 100퍼센트 다 이룰 수 있는 것은 아니다. 인간인 이상 한계가 있다. 너무나도 당연한 일이 아닌가? 나도 이런저런 방법을 총동원했지만 잘 풀리지 않았던 경험이 있다. 따라서 우리는 목표 달성에 실패했더라도 목표를 세우고 달성하려고 노력한 자신을 평가하고 칭찬해야 한다.

앞에서도 언급했듯이 인생에서 목표를 달성하는 데 가장 중요한 것은 '자기긍정감'이다. 자기긍정감이 있으면 새로운 것에 도전하려는 의지를 유지할 수 있다. 그런데 자기긍정감을 잃어버리면 도전해보기도 전에 포기하는 악순환에 빠지고 만다.

실패의 본질을 되돌아본다

100일 디자인의 스케줄을 세우고 목표를 달성하기 위해서 열심히 노력했지만 안타깝게도 목표 달성에 실패했다고 하자. 그래서 한 번 더 도전하고자 할 때는 이전에 실패했던 원인을 정확하게 파악하고 정리한 후에 임하는 것이 중요하다. 이전에 실패했던 방법론으로 다시 도전하면 실패할 가능성이 높다. 따라서 실패에 대한 반성에 기초해서 계획을 어떻게 조정해 나갈 것인지를 고민하는 것이 중요하다.

계획을 조정할 때 우리는 노력이 부족해서 실패했으니 다음에는 더 노력하자는 '근성론'의 관점에서 실패 원인을 분석하는 함정에 빠지기 쉽다. 그런데 노력을 다하지 못했던 원인은 근성이 부족했기 때문이 아니라 노력을 방해하는 어떤 요인이 계획의 안팎에 존재했기 때문이 아닐까? 이렇게 실패 원인을 논리적으로 특정하지 못한 상태에서 도전하면 목표 달성의 가능성은 낮을 수밖에 없다.

실패의 원인을 분석하고, 방법론을 잘못 선택한 것은 아닌지, 방법론은 옳게 선택했지만 노력 방식이 틀렸던 것은 아닌지, 당초에 목표 설정 방식이 틀렸던 것은 아닌지 등 실패의 본질을 정확하게 파악하는 것이 중요하다. 한편, 과거에 성공했던 적이 있는 방법론으로 재차 목표를 세웠는데 실패하는 경우도 있다. 이럴 때는 이번 상황이 이전에 성공했을 때와 어떻게 다른지, 어떤 변화가 있었는지 등을 명확하게 인식하고 실패 원인을 특정 및 검증해야 한다.

하향 수정에 죄책감을 갖지 않는다

실패 원인을 분석한 후에는 재차 도전할 때 어떤 방법론을 선택할 것인지 고심해 봐야 한다. 방법론은 바꾸지 않고 인풋의 양이나 질을 높이면 목표를 달성할 수 있는지, 방법론 자체를 바꿔야 달성할 수 있는지, 세웠던 목표 설정을 그대로 유지하고 다시 도전할 것인지, 목표를 하향 수정해서 도전할 것인지 등 종합적으로 판단해야 한다.

이 과정에서 만일 당신이 목표를 하향 수정했다면 죄책감을 갖지 않는 것이 무엇보다 중요하다. 주변 사람이 높은 수준의 목표를 세우고 실현하는데 자신은 낮은 목표를 세우거나 목표를 하향 수정했다며 자존심이 상할 수도 있다. 예를 들어 주변 친구들이 모두 국립 대학을 목표로 준비하니까 자신도 국립 대학에 합격해야 한다고 생각하는 경우가 이에 해당한다.

사람은 누구나 타인의 성공한 모습과 지금의 자신을 비교하고 판단하려고 한다. 그래서 목표를 하향 수정하려면 하기 전부터 기분이 나쁘고 거부감이 들기 마련이다. 비즈니스 현장이라면 매출 목표를 하향 수정하는 것은 그리 간단하지 않다. 하지만 개인적인 상황에서는 높은 수준의 목표를 세우고 자신감을 잃는 것보다 현실적인 목표 달성을 여러 번 경험하고, 이를 통해서 조금씩 자신감을 붙여 나가는 것이 장기적인 관점에서 현명하다.

목표 달성은 자신의 행복을 위한 것이다

목표를 달성했다고 그것으로 우리의 인생에서 도전이 영원히 끝나는 것은 아니다. 대부분의 경우 목표를 달성한 이후의 목적을 실현하기 위해서 끊임없이 새로운 목표를 세우고 달성하기 위한 노력을 반복해 나가야 한다. 한없이 계속되는 목표 설정~목표 달성의 사이클에 싫증이 나거나 답답한 순간도 찾아올 것이다. 그러나 명심해야 할 것은 이 사이클이 그 누구도 아닌 자기 자신의 행복과 성장을 위해서 필요하다는 점이다.

목표 달성이 자신의 허영심을 채우기 위해서 또는 남에게 자랑하기 위해서라면 목적을 향해서 지속적으로 행동하기 어렵다. '자기수용'이라는 개념을 제창한 심리학자 알프레드 아들러Alfred Adler는 그의 저서에서 '우리는 스스로 자기 인생을 만들어 나가야 한다. 우리는 자기 자신의 행동의 주인공이다'라고 말했다. 우리가 목표를 달성한 후에 도달하는 목적을 실현하는 것은, 그 누구도 아닌 바로 자기 자신을 위해서다.

목표 달성을 위한 노력을 통해서 자신을 있는 그대로 받아들이고 자신이 할 수 있는 것을 실행해 나가는 것, 목표 달성에 성공했든 실패했든 도전한 자신을 칭찬해 주는 것, 다음을 위해서 계속 도전하고 노력하는 것 등의 경험을 쌓는 것도 중요하다. 이는 자기긍정감과 확고한 자신감을 낳고, 더 큰 목표에 도전할 수 있는 원동력이 된다.

마치며

이 책을 끝까지 읽어 준 당신에게 깊은 감사의 말을 전하고 싶다. 올해로 나는 만 46세가 되었다. 사회로 나오기 전과 후의 시간이 같아진 인생의 전환점을 맞이한 것이다. 앞으로 현역으로 23년은 더 일하고 싶다는 생각을 하면서 지금까지 걸어온 내 인생을 되돌아봤다. 그리고 100일 디자인을 하나의 방법론으로 정리할 기회를 얻었다. 내게 그런 기회를 준 PHP 연구소의 직원 여러분, 특히 이 책의 구성과 편집에 아낌없는 협력과 조언을 보내주신 미야와키 다카히로(宮脇崇広) 씨에게 진심으로 감사의 인사를 전한다.

현재 우리가 사는 사회는 크게 변화하고 있다. 인공 지능이 인간에 가까운 능력을 지니려는 지금 인간의 의미와 인간만이 할 수 있는 것은 무엇인지 등 다양한 질문이 제기되기 시작했다. 나는 그에 대한 답으로 '인간은 불완전하지만 보다 발전된 자아실현을 위해 그 과정을 즐기고 고심하면서 노력하는 존재'라고 생각한다.

라틴어에 '카르페 디엠Carpe diem'이라는 말이 있다. 이는 기원전 1세기 고대 로마의 시인 호라티우스의 시에 등장하는 말로, '지금을 즐겨라(지금 살고 있는 순간에 충실하라)'라는 뜻이다. 이 말의 이면에는 '신이 우리에게 어떤 죽음을 줄지 모른다. 이를 알기 위해 고심하기보다 짧은 인생의 하루하루를 알차게 보내고 즐기는 편이 현명하다'는 의미가 담겨 있다.

우리가 목표를 달성하기 위해서 들이는 하루하루의 노력이 보상 받는 날도 있고 그렇지 못한 날도 있다. 그럼에도 우리가 목표를 세우고 그 목표 달성을 위해 결심하는 동기의 원천은 무엇일까? 아마도 가장 큰 이유 중 하나는 목표를 세우고, 달성해 나가는 성장 과정 자체가 우리의 삶을 풍요롭게 만들어 주기 때문이 아닐까?

인간인 우리가 성장해 나가는 한 목표를 세우고 이를 실현해 나가는 도전은 끝없이 이어질 것이다. 그리고 우리가 들인 하루하루의 노력이 쌓이고 쌓여서 우리가 사는 사회가 보다 나은 방향으로 발전해 나갈 수 있다고 생각한다.

100일을 디자인하라

지금 시작해도 늦지 않다! 기적의 목표 달성 프로젝트

초판 발행일 2021년 8월 31일
1판 1쇄 2021년 9월 6일
펴낸곳 유엑스리뷰
발행인 현호영
지은이 나가타 히데토모
옮긴이 이지현
편 집 박수현
디자인 오미인
주 소 서울시 마포구 월드컵로 1길 14 딜라이트스퀘어 114호
팩 스 070.8224.4322
이메일 uxreviewkorea@gmail.com

ISBN 979-11-88314-88-1

유엑스리뷰는 가치 있는 지식과 경험을 많은 사람과 공유하고자 하는
전문가 여러분의 소중한 원고를 기다립니다. 투고는 유엑스리뷰의 이메일을 이용해주세요.
uxreviewkorea@gmail.com